Frankfurter Märchen

Susanne Viegener

Das Frankfurter Märchenbuch

Sagen, Legenden und Märchen aus Frankfurt neu erzählt

mit Illustrationen
von Mira Lob

marzellen
verlag

Für Alex, Stephie und Roman
und unsere schönen Jahre in Frankfurt

Bibliografische Information der Deutschen Nationalbibliothek
Die Deutsche Nationalbibliothek verzeichnet diese Publikation in der Deutschen Nationalbibliografie; detaillierte bibliografische Daten sind im Internet über http://dnb.de abrufbar.

Umschlag und alle Illustrationen: Mira Lob
Satz/Layout: Redaktionsbüro Tewes, Köln
Druck: Druckerei Florjancic, EU

Printed in EU.
ISBN 978-3-937795-83-6

www.marzellen-verlag.de

Inhalt

Es war einmal ...

Die Sagen, Legenden und Geschichten in Frankfurt sind jahrhundertealt und doch zum Greifen nah. Immer wieder wurden sie im Volksmund weitererzählt und irgendwann aufgeschrieben. So zeigen sie eine wunderbare Sagen- und Erzählungswelt über die Jahrhunderte auf.

Die Schauplätze des „Frankfurter Märchenbuches“ könnt ihr auch heute noch besichtigen und dort viel über die Vergangenheit des jeweiligen Ortes erfahren. Am Ende jedes Märchens wird auf einem solchen Pergament erklärt, welche Orte aus den Geschichten ihr euch heute noch anschauen könnt. Jedes Märchen hat sein eigenes Symbol, das ihr auf dem Lageplan im Einband des Buches wiederfindet. So könnt ihr euch selbst auf Zeitreise begeben und den Spuren der Frankfurter Geschichten folgen.

Wie Frankfurt gegründet wurde

Es war einmal ein Kaiser, der regierte über das riesengroße Reich der Franken. Und weil sein Reich so riesengroß und auch er selbst ein ziemlich großer und berühmter Mann war, wurde er von aller Welt Karl der Große genannt.

Sein riesengroßes Reich machte enorm viel Arbeit, und so war Kaiser Karl ungeheuer viel unterwegs. Er war ein ausgesprochener Reisekaiser. An der Spitze seines Hofstaates ritt er kreuz und quer durch die Lande, um sein Reich zu verwalten, die Grenzen zu sichern, Recht zu sprechen und zu schauen, ob überall alles in Ordnung war.

So waren der Kaiser und sein Gefolge mitten im kalten Winter unterwegs von einem Kaiserpalast zum nächsten. Karls Paläste hießen Pfalzen und es waren über hundert, die über das ganze Reich verstreut waren. Das war praktisch, denn so hatte der Kaiser an vielen Orten ein schönes Zuhause und konnte sich, seiner großen Familie und seinem Hofstaat immer eine schicke und gemütliche Unterkunft bieten. Viele Herrscher des Mittelalters machten das so und die Hauptstadt des Reiches war immer da, wo seine Majestät, der Kaiser, sich gerade aufhielt.

Die kaiserliche Reisegruppe kam gerade aus Würzburg. Dort hatte die ganze hochwohlgeborene Truppe – Kaiser Karl, seine Frau Fastrada und seine vielen Kinder – in Saus und Braus ein großes Weihnachtsfest gefeiert. Köstliches Essen hatte es gegeben, feierliche Weihnachtsmessen, viele Geschenke für die Kinder und zwei Wochen Weihnachtsferien für alle. Danach reisten sie erholt weiter, immer am Main entlang.

Doch etwas trübte die Freude über das schöne Fest. Das Volk der Sachsen machte dem Kaiser in jenen Tagen ziemlich viel Ärger. Seit über 20 Jahren führte Karl der Große nun schon Krieg gegen sie und ihren gefürchteten Anführer Widukind. Doch die Sachsen gaben einfach keine Ruhe. Immer wieder griffen sie an. Deswegen wurde der kaiserliche Tross zur Sicherheit von zahlreichen fränkischen Rittern aus Karls Heer begleitet. Sie trugen Panzerhemden und waren mit Helmen, Lanzen und Schilden ausgerüstet.

„So langsam habe ich die Nase gestrichen voll von diesen widerspenstigen Sachsen", grummelte der Kaiser wütend vor sich hin.

Sie waren schon ein paar Tage am Main unterwegs, als sie plötzlich schnelles Hufgetrappel hinter sich hörten. Eilig kamen Karls Kuriere auf ihren Rössern angeprescht, sprangen aus dem Sattel und knieten atemlos vor ihrem Kaiser nieder.

„Eure Majestät, es gibt schlechte Neuigkeiten. Die Sachsen sind direkt hinter uns. Seit Tagen verfolgen sie unsere Spur. Widukinds Angriff wird nicht lange auf sich warten lassen. Rüstet Eure Krieger!"

Karl der Große dachte nach. Dann wandte er sich an seinen Hofstaat und verkündete: „Werte Gefolgschaft, wir reiten weiter und zwar so schnell wie möglich. Haltet eure Augen offen und sucht den Fluss nach einer Stelle ab,

wo wir den Main überqueren können, um die Sachsen abzuschütteln. Möge Gott uns eine seichte Stelle weisen, flach genug, dass wir auf die andere Seite kommen. Beeilt euch und treibt eure Pferde an! Niemals dürfen wir den Sachsen in die Hände fallen!"

„Hüah!"

Und los ging es im Galopp über Stock und Stein. Sie ritten um ihr Leben, immer weiter am Fluss entlang. Voller Angst drehten sie sich um. Noch war kein feindlicher Reiter in Sicht. Doch eine mächtige Staubwolke hinter den Bergen ließ die Ankunft einer großen Ritterschar erahnen. In Panik trieb der fränkische Kaisertross seine Rösser an. Die Sachsen durften sie nicht erwischen, sonst war es um Karls Reich geschehen. Nicht auszudenken, wenn sie den Kaiser der Franken als Geisel nahmen.

Sie ritten und ritten, bis es dunkel wurde. Wie ein glänzendes Band lag der Fluss neben ihnen in der Dunkelheit. Durstig tranken die erschöpften Pferde sein Wasser. Unablässig ritt Kaiser Karl am Ufer auf und ab. Immer wieder trieb er sein stolzes Pferd Alvar in den Fluss hinein, auf der Suche nach einer flachen Stelle, an der sie den Fluss heil überqueren konnten. Doch immer wieder versank Alvar bis zum Hals im Wasser. Das edle Ross und sein Reiter wurden pitschepatschenass. Es war aussichtslos.

„Was sollen wir nur tun!“, rief der Kaiser verzweifelt gen Himmel. Schon hörte man das Hufgetrappel der sächsischen Reiter in der Ferne. Lange würde es nicht mehr dauern und sie hätten sie eingeholt. Oh Graus, das durfte niemals geschehen!

Da lichteten sich mit einem Mal die Wolken und ein heller Mondstrahl fiel auf das dunkle Wasser. Im gleißenden Licht des Mondes erblickte der Kaiser eine weiße Hirschkuh und ihr Kalb, die gemächlich durch den Main auf das andere Ufer zuschritten und ihnen den Weg wiesen. Das Wasser des Flusses bedeckte gerade einmal ihre Hufe.

„Ein Wunder!“, rief Kaiser Karl. „Seht nur, die Tiere! Dort hinten gibt es einen Weg durch den Main, wo das Wasser nicht tief ist. Da ist eine Furt.“

Mutig ritt er voran zu der vom Mondlicht beschienenen Stelle und sein Hofstaat folgte ihm mitsamt seinen Pferden, Kutschen und Karren. Vorsichtig stellten die Rösser einen Huf vor den anderen, beschritten die schlammige Furt und folgten dem Leitpferd Alvar, das seinerseits der leuchtend weißen Hirschkuh und ihrem Jungen hinterhertrottete. Plätschernd stakste die unglaubliche Prozession durch den Main. Als sie das rettende Ufer erreichten, hatte der Mond sich wieder hinter die Wolken verzogen.

Sie waren in Sicherheit! Erleichtert schlugen sie ihr Zeltlager auf und entfachten ihre Lagerfeuer. Endlich konnten sie sich ausruhen. Um Haaresbreite hätten die Sachsen sie erwischt. Die kamen nämlich gerade mit wildem Geheul am Main an. Laut schimpfend und fluchend ritten sie am Ufer hin und her und konnten es nicht fassen. Wie zum Teufel war der große Karl mit seinem Gefolge nur über den Main gekommen? Gab es da vielleicht einen geheimen, unterirdischen Tunnel unter dem Fluss? Waren die Franken etwa hindurchgeschwommen? Oder konnten die Gäule der Franken gar fliegen? Niemals sollten die Sachsen dieses Rätsel lösen.

„Eines Tages kriege ich dich, Karl!“, rief Widukind stinksauer über den Fluss und schüttelte drohend seine Faust. Doch das sollte nie passieren.

So waren der Kaiser und sein Hofstaat gerade noch einmal mit dem Leben davongekommen. Karl der Große erhob sich feierlich, blickte stolz in die Runde und sprach: „Als Dank für dieses Wunder taufe ich dieses gesegnete Fleckchen Erde, das uns Rettung vor den Sachsen bot und uns Franken eine Furt durch den Main bescherte, auf den Namen Frankfurt. So soll es geschehen, so wahr ich Kaiser des Frankenreiches bin."

Und so geschah es.

Am 22. Februar 794 wurde Frankfurt erstmalig urkundlich erwähnt, und zwar als „Franconofurd" am Fluss Main gelegen.

Karl der Große soll Zeit seines Lebens 80 000 Kilometer im Sattel zurückgelegt haben. Er war fünfmal verheiratet und hatte 18 Kinder. Seine Statue findet ihr auf der Alten Brücke.

Anfang des 9. Jahrhunderts wurde auch in Frankfurt eine Pfalz erbaut und zwar von einem Sohn Karls des Großen – Ludwig dem Frommen. Die Reste der Königshalle dieser Pfalz könnt ihr euch im Archäologischen Garten am Dom anschauen.

Die andere Mainseite, auf die Karl der Große später die Sachsen verbannte, nannte er übrigens Sachsenhausen, da dort dann die Sachsen hausten.

Rundhütchen

In den Frankfurter Wäldern wohnte einst ein kleiner, wilder Kobold. Er war ein arg zerzauster Gesell mit schmutzigen Stiefelchen, zerrissenen Hosen und einem löchrigen Umhang. Sein waldgrünes Wams war voller Brombeerflecken und um seinen Leib trug er eine breite, rote Schärpe. Darin steckte ein Krummsäbel. Mit dem kämpfte er sich wie ein kleiner Waldpirat durch das dichte Brombeergestrüpp im Unterholz, denn Brombeeren aß der kleine Kobold für sein Leben gern. Auf seinen zotteligen Strubbelhaaren trug er einen Fliegenpilzhut, der ihn gegen Regen und Wind schützte und sich rund um seine Vogelnestfrisur schmiegte. Deswegen wurde der kleine Waldschrat von allen nur das Rundhütchen genannt.

Das Rundhütchen lebte in einem windschiefen Baumhaus hoch droben im Wipfel einer alten Eiche. Eine kurvige Wendeltreppe führte nach oben, die man mühsam hinaufsteigen musste. Dafür war man aber umso schneller wieder unten, denn sie war so steil, dass man sie in umgekehrter Richtung einfach wieder herunterrutschen konnte.

Weil unser Rundhütchen ein ganz besonderer Waldwichtel war, immer fröhlich und für jeden Spaß zu haben, wollte es seine gute Laune mit anderen Menschen teilen. Dafür trug es stets ein Tütchen Blütenstaub bei sich, den es bei Vollmond im Wald gesammelt hatte. Dieser magische Staub hatte Zauberkräfte. Streute man ihn jemandem ins Gesicht, wurde selbst der traurigste Mensch unter der Sonne so fröhlich, dass er mit dem Lachen nicht mehr aufhören konnte. Wo das zerzauste Männlein mit seinem Zauberstaub auftauchte, herrschte also stets allerbeste Laune. Da konnten die Leute vorher noch so mürrisch gewesen sein.

Immer wenn ihm der Wald zu langweilig wurde, ging das Rundhütchen die Bauern besuchen, die im Dörfchen Niederrad am Waldrand wohnten, und brachte ihnen kleine Geschenke mit. Blütenkränze, Beeren und Nüsse, die es auf den Stufen vor den Haustüren ablegte. Außerdem war es ein fleißiges Kerlchen, denn es half ihnen bei der Arbeit, machte das Heu, hackte das Holz, schürte das Feuer, fegte den Hof oder backte eines seiner leckeren Brote. Dabei sang es stets sein fröhliches Liedchen:

„Bin Wichtelmann, der Frohsinn kann,
trag‘ Zauberstaub im Tütchen.
Wer traurig ist, den staub‘ ich an
und schon strahlt sein Gemütchen.
Ich helfe gerne, wo ich kann.
Mein Name ist Rundhütchen."

Nach getaner Arbeit lief der kleine Zausel mit schnellen Trippelschritten wieder in den Wald hinein. Und wenn die Bauern abends von den Feldern zurück auf ihre Höfe kamen, war alles picobello und die Familien setzten sich vergnügt zum Abendbrot.

Am liebsten aber spielte das Rundhütchen mit den Kindern. Die Kleinen mochten den lustigen Kobold sehr. Ungeduldig warteten sie auf das Wichtelmännchen. Wenn es mal nicht rechtzeitig kam, liefen sie zum Waldrand und riefen laut: „Rundhütchen, Spitzbübchen!" Und ehe sie sich versahen, kam der Wichtel aus dem Wald geschossen und jagte die jauchzenden Knirpse über die Felder bis zum nächsten Bauernhof.

So war das Rundhütchen im Dorf immer ein gern gesehener Gast. Es half nämlich nicht nur bei der Arbeit, sondern brachte auch Heilkräuter für die Kranken mit, kurierte verletzte Kühe, Schweine und Hühner und sammelte verloren gegangene Schafe wieder ein, die sich im Wald verirrt hatten.

Einmal jedoch war es kein Schaf, das sich im Wald verirrt hatte, sondern ein kleines Mädchen aus dem Dorf. Beim Versteckspiel war die kleine Liese eines Morgens in den Wald gelaufen und nicht mehr zurückgekommen. Überall im Dorf suchten die Spielkameraden nach ihr und schauten in alle

Ecken und Winkel. Doch wo immer sie auch suchten, die kleine Liese blieb verschwunden.

„Sie kann nur noch in den Wald gelaufen sein. Dort müssen wir suchen. Los, kommt mit!“, rief der große Paul und ging mutig voran.

Stundenlang durchkämmten die Niederrader Kinder das Unterholz und bemerkten gar nicht, wie spät es schon geworden war. Aber ohne Liese konnten sie unmöglich ins Dorf zurückkehren! Verzweifelt riefen sie nach ihrer Freundin.

„Liese, wo bist du? Wo hast du dich versteckt?“

Doch der stille Wald gab keine Antwort. Nur Vogelgezwitscher war zu hören. „Wir müssen unsere Eltern holen“, sagte Paul und seufzte traurig. „Allein finden wir sie nie.“

„Genau, allein schaffen wir das nie!“, sprach da das kleine Kurtchen. „Hier kann nur einer helfen!“ Unvermittelt blieb er stehen, legte seine Hände wie einen Trichter an den Mund und rief laut: „Rundhütchen, Spitzbübchen!“

Sofort stimmten die anderen Kinder ein. „Ruuundhütchen, Spiiitzbübchen“ schallte es vielstimmig durch den dichten Wald.

Und so dauerte es gar nicht lange bis ihnen ein wohlbekanntes Wichtelmännchen mit einem Fliegenpilzhut entgegentrippelte, unter dem ihr guter Freund, das Rundhütchen, sie fröhlich angrinste.

„Na, ihr Strolche? Ich habe euch schon vermisst. Wo wart ihr denn den ganzen Tag?“, fragte der Kobold mit seinem krächzenden Stimmchen.

„Ach, Rundhütchen, etwas Schreckliches ist passiert. Unsere Liese ist verschwunden und wir können sie nirgends finden. Bitte hilf uns!“, flehten die Kinder ihn an.

„Ehrensache!“, sprach der Waldwichtel entschlossen. „Wenn die Liese hier im Wald ist, dann finden wir sie. Ich habe auch schon einen Plan. Auf geht‘s!“ Dann sauste das Männlein los.

Gefolgt von seiner Rasselbande lief der kleine Kobold im Zickzackkurs durch den Wald und verstreute dabei mit vollen Händen seinen Zauberstaub. Der Wind wehte ihn den hinterherlaufenden Kindern ins Gesicht und sie brachen in lautes Gelächter aus.

„Hihihi, hahaha, hihihi, hahaha...“. Sie lachten sich so schief und krumm, dass sie kaum noch weiterlaufen konnten.

„Haltet euch den Mund zu, ihr Lieben“, rief das Rundhütchen, legte seine Hand an die Ohren und lauschte. „Sonst kann ich die Liese doch nicht lachen hören.“

Immer weiter lief das Rundhütchen und warf seinen Staub hoch in die Luft. Brav hielten die Kinder sich mit beiden Händen die Münder zu, obwohl sie vor lauter unterdrücktem Gekicher fast explodiert wären.

Da plötzlich ertönte über ihnen ein vertrautes Stimmchen mit glucksendem „Hihihi, hahaha, hihihi, hahaha...“, das mit dem Lachen gar nicht mehr aufhören wollte. Verwundert schauten die Kinder nach oben.

Im Wipfel einer alten Eiche erspähten sie ein windschiefes Baumhaus. Dort oben saß mit brombeerverschmiertem Mündchen die kleine Liese, baumelte fröhlich mit den Beinen und lachte sich kaputt.

„Liese, da bist du ja endlich!“, riefen die Kinder froh.

Ein Riesenstein fiel ihnen vom Herzen. Wie ein Sausewind rutschte die lachende Liese die kurvige Rutsche hinunter. Überglücklich fiel sie ihren Spielkameraden in die Arme.

„Ausgerechnet in meinem Baumhaus hast du dich versteckt!“, rief das Rundhütchen. „So hoch habe ich meinen Zauberstaub noch nie geworfen“, sagte es stolz und warf vor Freude ein letztes Händchen Staub in die Luft.

Was dann passierte, kann sich jeder denken. „Hihihi, hahaha, hihihi, hahaha...“. Die Kinderschar und ihr Rundhütchen bekamen einen Lachanfall, der sich gewaschen hatte, bis sie sich vor Lachen auf dem Waldboden kugelten.

Die Sonne war schon fast untergegangen und langsam wurde es dunkel. „Los, ihr Schlingel! Ich bringe euch nach Hause, sonst gibt es Ärger mit euren Eltern!“

Das Rundhütchen sprang auf und spurtete los. Die Rasselbande rannte hinter ihm her bis zum Waldrand und weiter über die Felder bis ins Dorf, wo sie von ihren Eltern schon erwartet wurde. Die waren komischerweise gar nicht sauer, dass ihre Kinder so spät kamen, sondern freuten sich sehr, dass die Kleinen so ungeheuer fröhlich waren. Offensichtlich hatten die Dorfkinder einen sehr vergnüglichen Nachmittag mit dem Rundhütchen im Wald verbracht. Anerkennend klopften die Eltern dem Wichtel auf die Schulter.

„Unser Rundhütchen ist Gold wert!", sagten sie. Und dem konnten die Kinder nur zustimmen, besonders die kleine Liese.

Niederrad ist heute ein Stadtteil von Frankfurt und liegt zwischen Golfplatz, Pferderennbahn und Frankfurter Stadtwald, wo der Legende nach das Rundhütchen früher zu Hause war.

Der Stadtwald von Frankfurt gehört zu den größten Stadtwäldern in Deutschland. Eine Radtour oder Wanderung durch den Stadtwald lohnt sich, denn es gibt dort viel zu entdecken. Nicht nur die vielen Tier- und Pflanzenarten, sondern auch Teiche und Bäche, Picknickplätze, Spielparks und das Stadtwaldhaus, wo man Wildschweine anschauen kann.

Besonders am „Wäldchestag", kommen jedes Jahr am Dienstag nach Pfingsten jede Menge Besucher zum traditionellen Frühlingsfest hierher.

Backe backe Kuchen

Es war einmal ein Bäckermeister, der lebte mit seiner Familie in der Eschenheimer Gasse. Tag für Tag stand er in aller Herrgottsfrühe auf und backte Brot, Brötchen, Stückchen, Kuchen und viele andere Leckereien, die seine Frau und seine Tochter Käthe in der Bäckerei ihren treuen Kunden aus dem Viertel verkauften. Rund ums Eschenheimer Tor war er als ausgezeichneter Bäcker bekannt und berühmt für seinen Sandkuchen. Das Rezept hatte er von seinem Vater geerbt, genauso wie die Traditionsbäckerei der Familie. So genoss die Familienbäckerei seit Generationen einen guten Ruf.

Doch eines Tages wurde in Frankfurt das Korn knapp und es gab nur noch ganz wenig Mehl zum Backen. Wer Mehl kaufen wollte, musste immer mehr Geld dafür bezahlen. Also mussten auch die Bäcker die Preise für ihr Backwerk erhöhen. Einige von ihnen übertrieben es allerdings mit den Preisen. Manchmal kostete das Brot viermal, manchmal sogar sechsmal soviel wie zuvor.

„Das sind Wucherpreise! Da machen wir nicht mit!", beschwerten sich die Frankfurter. So teures Brot konnten sich nur die Allerwenigsten leisten. Und Kuchen erst recht nicht. Deswegen kamen nur noch wenige Kunden in die Bäckereien und den Frankfurter Bäckern ging es immer schlechter.

Die schlauen Frankfurter behalfen sich mit anderen Köstlichkeiten.

„Dann essen wir eben einen schönen Tafelspitz mit Grüner Soße, Handkäs mit Musik oder unsere geliebten Frankfurter Rippchen", sagten sie sich. Doch die Backwaren fehlten an allen Ecken und Enden. Die Bäckerzunft war ratlos und arbeitslos geworden. Wer keine Kunden hatte, der brauchte schließlich auch nicht zu backen.

„Was sind das nur für schreckliche Zeiten? Unsere Kunden sollen endlich wiederkommen!“, jammerte der Bäcker vom Eschenheimer Tor. „Wo zum Kuckuck bekomme ich nur günstigeres Mehl her?“, fragte er seine Frau.

„Die Frankfurter sollen endlich mal wieder unseren berühmten Sandkuchen essen“, sagte diese. „Und unsere leckeren Bethmännchen, mhmm...“, sagte Tochter Käthe und leckte sich die Lippen, „aber bitte zu normalen Preisen“, vollendete sie ihren Satz.

Nächtelang lag der Bäcker wach und grübelte vor sich hin. „Ohne Mehl kein Backen, ohne Backen kein Verkaufen, ohne Verkaufen kein Geld. Wenn das so weitergeht, werden wir bettelarm sein!“ Er war verzweifelt. „Das muss ich um alles in der Welt verhindern, aber was kann ich nur tun?“, dachte er. „Wohl oder übel werde ich mit dem sündhaft teuren Mehl backen müssen. Und in seiner Verzweiflung kam ihm eine schlimme Idee: „Ich vermische es einfach mit Sand!“

Noch in derselben Nacht ging der Bäcker, bewaffnet mit Eimer und Schaufel, ans Mainufer und besorgte sich den feinsten Mainsand, den er finden konnte. Rasch brachte er ihn in seine Backstube und vermischte ihn zu einem Viertel je Brot mit seinem teuren Mehl. Dann gab er Hefe, Wasser und eine Prise Salz hinzu und begann zu kneten. Der Teig war zwar ein bisschen härter als sonst, aber mit etwas mehr Krafteinsatz lief das Kneten ganz gut. Und als die Brote aus dem Ofen kamen, waren sie ebenso schön und knusprig wie die alten.

„Na, geht doch!“, freute sich der Bäcker und machte sich auf die gleiche Art ans Kuchenbacken. „Nun wird mein Sandkuchen seinem Namen alle Ehre machen“, dachte er und grinste zufrieden.

Am nächsten Tag waren die Regale der Bäckerei nach langer Zeit mal wieder voller Leckereien. Und das auch noch zu normalen Preisen. Welch eine Sensation! Die Frankfurter stürmten den Laden und kauften alles leer, bis auf das letzte Krümelchen. Doch als sie zu Hause ankamen und von Brot und Kuchen abbissen, knirschten die Backwaren so merkwürdig zwischen ihren Zähnen und waren ganz schwer zu schlucken. Die Frankfurter verzogen die Gesichter. So etwas Merkwürdiges hatten sie noch nie gegessen.

In der nächsten Nacht war das Viertel um das Eschenheimer Tor von lautem Stöhnen erfüllt. Die Menschen hatten schreckliche Bauchschmerzen oder fürchterliche Verstopfung oder beides gleichzeitig. Keiner konnte schlafen.

Auch der Ratsherr Carl von Glauburg, der sein Abendbrot ebenfalls bei dem betrügerischen Bäckersmann gekauft hatte, wälzte sich mit großen Schmerzen im Bett hin und her. Als er am nächsten Morgen mit den leidgeprüften Nachbarn gesprochen hatte, stand sein Entschluss fest: „Das, mein liebes Bäckerlein, wirst du mir büßen!“ Schnellen Schrittes begab er sich in die Eschenheimer Gasse.

Erneut drängelten sich die Leute vor der Bäckerei, um das günstige Backwerk zu ergattern. „Halt, ihr Leute, kauft um Himmels Willen kein Brot bei diesem Gauner!“, warnte von Glauburg die Kunden. „Es knirscht zwischen den Zähnen und macht schlimme Bauchschmerzen.“

„Bäcker!“, rief er. „Dein Laden ist von Amts wegen geschlossen. Nimm drei Laibe Brot und drei Sandkuchen zur Prüfung mit und folge mir ins Leinwandhaus!“, sprach der erboste Ratsherr, packte den Bäcker streng am Arm und zog ihn mit sich fort.

Im Leinwandhaus wurden Brot und Kuchen von den Ratsherren in kleine Stücke geschnitten und probiert.

„Bäh, da ist Sand drin!“ vermeldeten sie schließlich und spuckten es angewidert auf den Boden. „Welch ein Bösewicht!“, sprach der Richter. „Hat Sand in sein Mehl gemischt, damit er es günstiger verkaufen kann, und dabei seine eigenen Kunden fast vergiftet.“

Zur Strafe wurde der Bäcker drei Tage lang ins Leinwandhaus gesperrt. Er musste seine eigenen Backwaren essen und drei Tage lang schlimme Bauchschmerzen ertragen. „Was du nicht willst, dass man dir tu, das füg‘ auch keinem andern zu!“, belehrte ihn Ratsherr von Glauburg.

Als der Bäcker seine Strafe verbüßt hatte und beschämt zu seiner Bäckerei zurückkehrte, lag vor der Tür ein großer Berg Sand, den die wütenden Nachbarn dorthin gekippt hatten. Die Fensterbänke zierten unzählige kleine Sandkuchen, die die Kinder aus dem Viertel daraus geformt hatten. Von dem Tag an wurde er in Frankfurt nur noch der Sandbäcker genannt. Überall verhöhnte und verspottete man ihn und das machte ihn sehr traurig. „Nie wieder werde ich so etwas Dummes tun!“, schwor er hoch und heilig.

So kam es, dass in Frankfurt nur noch in öffentlichen Bäckereien und unter der strengen Aufsicht der Ratsherren gebacken werden durfte, damit auch alles mit rechten Dingen zuging. Kein einziger Frankfurter kaufte mehr beim Sandbäcker. Sein Name war mit Sand beschmutzt.

Doch zum Glück hatte der Bäcker seine pfiffige Tochter Käthe. Sie rettete die Familienehre. Noch im gleichen Jahr heiratete sie einen fleißigen Bäckergesellen und gab der Bäckerei einen neuen Namen. Käthes Kuchen stand nun auf dem Schild, das vor der Ladentür baumelte, und in kleiner Schrift darunter: Garantiert ohne Sand!

Frankfurt ist auch für seine Backspezialitäten bekannt, z.B. den Haddekuchen, die Frankfurter Bethmännchen oder den berühmten Frankfurter Kranz, der 1735 von einem unbekannten Konditor erfunden wurde. Ein Exemplar ist besonders berühmt geworden, und zwar die 200 Kilogramm schwere Wiedervereinigungstorte, die anlässlich des 20. Jahrestags des Mauerfalls gebacken wurde. Die Riesentorte hatte einen Durchmesser von 2,60 Metern, war ganze 2,20 Meter hoch und reichte für fast 2000 Portionen.

Die Eschenheimer Gasse, in der unser Bäckermeister mit seiner Familie wohnte, ist heute die Große Eschenheimer Straße und führt von der Hauptwache bis zum Eschenheimer Tor.

Käthes
Kuchen
Garantiert ohne Sand!

Das Mainhochwasser

Vor fast 700 Jahren gab es in Frankfurt ein schreckliches Hochwasser. Magdalenenhochwasser wurde es genannt, weil es im Juli 1342 an St. Maria Magdalena stattfand.

Obwohl damals Sommer war, hatte es wochenlang unablässig geregnet. Höher und höher war der Main gestiegen, bis das Wasser schließlich über die Ufer getreten war. Bis auf den Dom, die damalige Bartholomäuskirche, und St. Michael wurden alle Kirchen überflutet und Sachsenhausen war eine Insel, vollkommen von Wasser umgeben.

Die Bevölkerung brach in Panik aus. „Rette sich, wer kann!“, „Welch ein Unglück!“, „Frankfurt wird untergehen!“, tönte es durch die Stadt.

Die Frankfurter Männer, Frauen und Kinder fingen das Vieh ein und packten ihr wertvollstes Hab und Gut in Körbe und Taschen. Die Sachsenhäuser retteten sich auf den Mühlberg und bauten dort Notunterkünfte. Die Frankfurter flohen auf den Röderberg oder zu Verwandten aufs Land. Dort waren sie in Sicherheit vor den todbringenden Fluten des Mains.

Neuankömmlinge brachten ständig schlimme Nachrichten aus der Stadt. Sogar einen Teil der steinernen Mainbrücke, den Sachsenhäuser Turm und die Katharinenkapelle hatte die unersättliche Flut schon weggerissen. Einzig die Brückenmühle schien dem Hochwasser standzuhalten. Auf ihren hölzernen Pfeilern stand die alte Wassermühle noch tapfer mitten im Strom.

Die Müllersleute, die dort wohnten, hatten ihre Mühle sehr solide gebaut. Nicht einmal das Hochwasser schien ihr etwas anhaben zu können. Wie eh und je trieb die Kraft des Wassers die Mühlräder an, die die großen, schweren Mühlsteine bewegten, zwischen denen das Korn zu Mehl gemahlen wurde.

Doch dann, mitten in der Nacht, kam plötzlich ein Sturm auf. Unerbittlich peitschte der Regen vom Himmel herab, der Wind pfiff laut um die Mühle und es herrschte hoher Wellengang. Die hölzernen Mühlenpfeiler begannen bedrohlich zu knarren und neigten sich zur Seite.

Müller, Müllerin und Müllerknechte sprangen schnell aus ihren Betten. Eilig brachten sie das wertvolle Korn und Mahlgut in Sicherheit, luden Sack um Sack auf ein im Sturm schwankendes Boot, das mit einem dicken Tau am Steg der Mühle befestigt war. Alle waren in heller Aufruhr. Zitternd vor Angst schickten die Müllersleute ihre stummen Gebete zum Himmel empor! „Hilf uns, lieber Gott!“

Jakob, der kleine Sohn des Müllers, stand fröstelnd in der Mühle am Fenster und schaute ängstlich in das Unwetter hinaus. Es war unfassbar. Was geschah da draußen nur? Der Fluss, auf dem er groß geworden war, geriet in dieser verhängnisvollen Nacht außer Rand und Band.

Plötzlich löste sich krachend ein Mühlrad. Jakob sah wie es im Wasser trieb und das Boot zu rammen drohte, um es auf ewig in den Fluten des Mains zu versenken. Das Boot, ihre einzige Hoffnung auf Rettung.

„Papa, pass auf!“, schrie Jakob seinem Vater zu, der mit einem großen Mehlsack beladen auf dem Boot hin- und hertaumelte. Doch vergebens, er konnte ihn nicht hören. Zu laut toste der Sturm. Zum Glück verfehlte das Mühlrad ihr schwer beladenes Boot.

Weinend schlang Jakob seine Arme um den Hals seines struppigen Hundes Cäsar, der winselnd vor Angst neben ihm kauerte und die aufgewühlten Wassermassen anbellte. „Wuff, wuff!“ Doch so sehr Cäsar sich auch bemühte, das Hochwasser ließ sich nicht wegbellen.

Unbeirrbar wogte und flutete es weiter. „Ach, Cäsar!“, jammerte Jakob. „Was sollen wir nur tun?“

Plötzlich ertönte ein lautes Krachen und ein Mühlenpfeiler brach. Gefährlich neigte sich der Ponton. In Panik krallte Jakob sich ans Fensterbrett und suchte Halt. „Papa, Mama, kommt mich holen!“, schrie er verzweifelt. „Papa, Mama, hier sind wir!“

Starr vor Entsetzen sah er, wie das Boot mit seinen Eltern und den Müllerknechten sich immer weiter vom Steg entfernte. Das Tau war gerissen und so sehr sie mit vereinten Kräften versuchten, zurück zum Steg zu rudern, sie waren machtlos gegen den reißenden Strom, der das Boot immer weiter zum Ufer trieb.

„Oh, nein, Cäsar!“, rief Jakob. „Das Boot ist fort! Nun sind wir ganz allein.“

Da sprang der kleine Jakob in seiner Not im hohen Bogen aus dem Fenster des Mühlenhauses direkt in die eiskalten Fluten des Mains. Er tauchte unter und strampelte in Todesangst mit Armen und Beinen, denn er hatte nie schwimmen gelernt. Als er wieder auftauchte, hustete er, spuckte Wasser, japste nach Luft und ging wieder unter. Die Zeit unter Wasser kam ihm wie eine Ewigkeit vor. Erneut tauchte er auf und rang nach Luft.

„Hilfe, ich ertrinke!“, schrie er aus Leibeskräften, konnte aber nichts sehen in der rabenschwarzen Nacht. Nur noch das Rauschen des Wassers erklang in seinen Ohren und übertönte das verzweifelte Rufen seiner besorgten Eltern nach ihrem einzigen Kind.

„Jakob, wo bist du?“

„Wuff, wuff!“ Da plötzlich hörte der kleine Jakob ein vertrautes Bellen. „Wuff, wuff!“ Oder hatte er sich getäuscht? Mit einer letzten Kraftanstrengung streckte er seinen Kopf aus dem Wasser und sah Cäsars struppigen Kopf auf sich zukommen.

„Cäsar, hierher!“ Jakob weinte vor Erleichterung als er seinen treuen Gefährten erkannte, der mutig durch die Fluten auf ihn zuschwamm. Vorsichtig nahm Cäsar Jakobs Hosenträger ins Maul und schwamm entschlossen in Richtung Ufer, den kleinen Jakob langsam und stetig hinter sich herziehend. Als die beiden am Ufer ankamen, schlossen Jakobs Eltern ihren Sohn und seinen struppigen Retter überglücklich in ihre Arme. Das Boot der Müllersleute war erst kurz vorher mit seiner Ladung sicher angelandet.

Nun endlich legte sich der Sturm. Die Knechte sammelten Äste und entfachten ein Lagerfeuer. Dann packten die erleichterten Eltern den kleinen Jakob und seinen Hund in warme Decken und setzten sich mit Kind und Hund zu den Knechten an das prasselnde Feuer.

Sie konnten ihr Glück kaum fassen! Sie alle hatten den Sturm und das schreckliche Hochwasser überlebt. Am glücklichsten jedoch waren alle über Cäsars unerschrockenen Kampf um das Leben des kleinen Jakob. Niemals zuvor war der treue Cäsar so viel gestreichelt worden wie in jener Nacht.

Das Magdalenenhochwasser von 1342 war die gewaltigste Überschwemmungskatastrophe in der Geschichte Frankfurts. Das Jahrtausendhochwasser dauerte drei bis vier Tage an und erreichte einen Höchststand von 7,85 Metern, dabei ist der Mainpegel normalerweise nur 1,72 Meter hoch. Viele Menschen starben und viele Häuser wurden zerstört.

In fast jedem Jahrhundert gab es in Frankfurt Überschwemmungen. Am Aufgang zum Eisernen Steg über den Main gibt es Plaketten, auf denen ihr die Hochwasserstände der verschiedenen Überschwemmungen ablesen könnt. Zum Glück hilft heutzutage in solchen Fällen das mobile Hochwasserschutzkonzept der Stadt.

Der teuflische Brückenpakt

Beinahe 800 Jahre ist es nun her, da wurde in Frankfurt ein spektakuläres Bauwerk geplant: Die erste steinerne Brücke über den Main wollten die Stadträte bauen lassen, über die die Menschen sicher von einem Mainufer zum anderen gelangten und unter der der Fluss mit seinen vielen Schiffen und Fischerbooten prima hindurchfließen konnte. Zwei mächtige Brückentürme sollte ihre Brücke haben, damit man sie von oben gut bewachen konnte. Welch Wunderwerk der Baukunst! Welch großartiger Plan!

Jedoch wollten die Ratsherren die Brücke in so kurzer Zeit bauen lassen, dass alle Baumeister im Lande den Auftrag ablehnten. „Wie bitte? Nur ein halbes Jahr? Die spinnen wohl in Frankfurt", regten sie sich auf. „Unmöglich! Kein Baumeister der Welt kann das so schnell schaffen."

Nach langem Suchen fanden die Stadträte aber schließlich doch einen Baumeister, der sich an das Projekt heranwagte und trotz der kurzen Bauzeit zusagte. Ein sehr talentierter und erfahrener Mann, der schon allerlei Bauwerke errichtet hatte und sich sehr viel auf seine Leistungen einbildete.

„Werte Herren," sprach der eitle Baumeister zu den Stadträten und warf keck seine Lockenpracht in den Nacken. „Ihr könnt auf mich zählen! Ich bin der einzige Baumeister, der eine so mächtige Brücke in so kurzer Zeit bauen kann. Dafür bürge ich mit meinem Leben." Feierlich hob er seine Hand zum Schwur. „Sollte ich die Brücke nicht am ersten Frühlingstag fertiggestellt haben, werft mich von der Baustelle in den Main."

„Unser Vertrag ist besiegelt, Baumeister", antworteten die Ratsherren überzeugt. „Aber bedenket, sollte die Brücke wirklich nicht rechtzeitig fertig werden, bezahlt Ihr mit Eurem Leben dafür!"

Eifrig machte sich der Baumeister ans Werk. Unzählige Steine wurden herangekarrt, Nägel und Werkzeuge geliefert, Gerüste gebaut und Mörtel angerührt. Die Arbeiter liefen geschäftig hin und her, ackerten was das Zeug hielt und gönnten sich keine Pause. Schon bald standen die ersten Rundbögen im Wasser des Mains. Die Arbeit schritt gut voran und der Baumeister war zuversichtlich, dass seine Brücke rechtzeitig fertig werden würde.

„Ran an die Arbeit, nur nicht nachlassen! Faulpelze kann ich hier nicht brauchen!", befahl er seinen Bauarbeitern. Es war eine wahre Plackerei.

Doch mit Beginn der dunklen Jahreszeit kamen Regen, Wind und Schnee. Stürme und Hochwasser verlangsamten die Arbeiten. Einmal trieben sogar dicke Eisschollen auf dem Main. Unter solchen Wetterbedingungen war es viel zu gefährlich an der Brücke weiterzuarbeiten. Mehrfach mussten die Arbeiten unterbrochen werden, was den Bau über den Winter erheblich verzögerte.

„In dem Tempo werden wir es nie schaffen", seufzte der Baumeister verzweifelt. Er machte sich große Sorgen. „Verflixt und zugenäht! Ich muss diese Brücke fertigstellen, koste es, was es wolle!"

So trieb er seine Bauarbeiter an wie nie zuvor, stand oft selbst bis tief in die Nacht auf den Baugerüsten und half mit. Doch so sehr sie sich auch anstrengten, sie waren einfach nicht schnell genug. Immer wieder machte ihnen das Wetter einen Strich durch die Rechnung. Und schon bald würde der Frühling vor der Tür stehen und damit sein Stichtag für die Fertigstellung der Brücke. Der Baumeister wusste weder ein noch aus.

In allerhöchster Not betete er am Abend vor dem ersten Frühlingstag zum Teufel höchstpersönlich. Und siehe da, der fiese Höllenfürst erschien tatsächlich in einer stinkenden Schwefelwolke. Er hustete rau und krächzte: „Mir ist zu Ohren gekommen, Ihr braucht meine Hilfe beim Brückenbau?" Hämisch grinsend verschränkte der Teufel die Arme vor der Brust und blickte den Baumeister herausfordernd an. „Nun gut, Baumeister, ich baue sie fertig, Eure Brücke“, sprach er. „Noch in der kommenden Nacht soll Euer Bauwerk vollendet sein. Pünktlich auf die Minute zum Frühlingsbeginn. Als Gegenleistung verlange ich dafür die Seele des ersten lebendigen Wesens, das die Brücke betritt.“ Siegesgewiss hielt der Teufel dem Baumeister einen auf Pergament gekritzelten Pakt entgegen.

Der Baumeister erstarrte vor Entsetzen, denn es war immer der Erbauer selbst, der als Erster sein vollendetes Bauwerk betrat. Seine eigene Baumeisterseele würde mit Luzifer in die Hölle fahren müssen. Ihm sträubten sich die Haare. Welch grausige Vorstellung! „Hilft nichts“, dachte er resigniert. „Ich muss es tun, sonst wird meine Brücke nie fertig“. Und so griff er nach dem Schriftstück und setzte seine Unterschrift darunter.

Die ganze Nacht hindurch werkelte der Teufel mit seinen fiesen Gesellen an der Brücke herum und machte dabei einen Höllenlärm. Und als der Baumeister am nächsten Morgen vom Krähen des Hahns geweckt wurde und aus dem Fenster schaute, traute er seinen Augen nicht. Die schönste Brücke, die er jemals gesehen hatte, überspannte den Main in all ihrer Pracht und Perfektion. Sie war tatsächlich fertig geworden. Luzifer sei Dank!

In aller Eile zog der Baumeister sich an und stürzte nach draußen. Dabei wäre er fast über den Hahn gestolpert, der gemächlich über den Hof stolzierte. Und da kam ihm plötzlich die rettende Idee. Rasch lief er in den Stall, holte sich einen leeren Sack und stülpte ihn dem verdutzten Hahn über den Kopf. „Du kommst jetzt mit, alter Gockel", sprach er zu dem Federvieh, schulterte den Sack und machte sich auf den Weg zur Brücke.

Dort wartete der Teufel bereits und rieb sich kichernd die Klauen, voller Vorfreude auf die Seele des Baumeisters. Doch plötzlich stutzte der Höllenfürst und sah erstaunt, wie der Baumeister vor Betreten der Brücke Halt machte, einen Sack öffnete und einen Hahn auf die Brücke scheuchte. Dabei folgte er dem flatternden und hopsenden Federvieh auf Schritt und Tritt und trieb es vor sich her. So war nun also das erste lebendige Wesen, das die Brücke betrat, gar kein Baumeister, sondern ein alter Gockel.

„Betrug!", schrie der Teufel entrüstet, als er erkannte, dass der Baumeister ihn überlistet hatte. „Jämmerlicher Betrug! So eine Unverschämtheit!"

Wütend stampfte er auf, kreischte, zeterte, schrie, fluchte, polterte und raufte sich die Haare. Schwefelwölkchen pufften aus seinen Nasenlöchern und er begann zu knurren wie ein Höllenhund. So etwas war ihm noch nie passiert. Er war außer sich vor Wut.

Die Leute hatten die vollendete Brücke inzwischen längst bemerkt und eilends die Stadträte und Priester aus ihren Betten geholt. „Kommt alle mit und schaut, unsere Brücke ist fertig!" In der ganzen Stadt läuteten die Kirchenglocken. Eine große Schar neugieriger Frankfurter kam geradewegs auf die Brücke zu. Eine weiße Fahne mit einem Kreuz flatterte ihnen voran.

„Aaargh!", rief der Teufel und hielt sich die Hand vor die Augen, zum Schutz vor dem schrecklichen Anblick des Kreuzes. Kreischend wich er zurück. Dann schwang er sich in die Luft, drehte sich wie ein Wirbelwind um die eigene Achse bis zur Höchstgeschwindigkeit, um sich dann tief durch das Erdreich bis in die Hölle zu bohren. Dahin, wo er hingehörte!

Seine Belohnung, den Hahn, hatte Luzifer in der Eile völlig vergessen. Dieser flatterte fröhlich in der Mitte der Brücke aufs Geländer, plusterte sich auf und stieß aus Leibeskräften sein KIKERIKIII aus. Die Frankfurter jubelten und applaudierten. Dann liefen sie begeistert auf der Brücke hin und her, sahen sich das größte steinerne Bauwerk ihrer Stadt ganz genau an und beglückwünschten den stolzen und erleichterten Baumeister zu seiner wunderbaren Leistung.

Der wiederum fand, dass sich der Hahn da in der Mitte der Brücke ausnehmend gut machte und eine perfekte Zierde für sein Bauwerk war. So ließ er denn ein kunstvolles Kreuz mit einem goldenen Hahn in der Brückenmitte am Geländer aufstellen, das bis heute ein berühmtes Wahrzeichen der Stadt Frankfurt ist.

Mit ihren 13 gemauerten Rundbögen und den zwei hohen Türmen galt die Alte Frankfurter Brücke als bedeutendstes Bauwerk der Stadt. Sie verband die Fahrgasse in der Frankfurter Altstadt mit der Brückenstraße in Sachsenhausen und wurde auch Sachsenhäuser Brücke genannt.

In ihrer Mitte thronte der goldene Hahn, von den Frankfurtern „Brickegickel" (Brückengockel) genannt, auf seinem Kreuz. 1222 wurde die Brücke erstmalig urkundlich erwähnt, im Laufe der Jahrhunderte mindestens 18 Mal zerstört und wiederaufgebaut, bis sie 1914 schließlich abgerissen wurde.

Heute kann man immer noch über eine „Alte Brücke" gehen, denn die Altstadtbrücke wird immer noch so genannt. Dort findet ihr den „Brickegickel" und das Standbild des mythischen Stadtgründers Karls des Großen.

Seiltanz auf dem Römerberg

Eines Tages, vor über vierhundert Jahren, kam ein geheimnisvoller Fremder auf einem kuriosen Karren in die Stadt Frankfurt gezockelt. Ein tapsiges Pferdchen mit struppiger Mähne zog das hölzerne Gefährt mit seiner Plane aus bunten Flicken durch das Eschenheimer Tor. *Balduin der Seiltänzer* stand in großen Lettern darauf. Eine jubelnde Kinderhorde lief aufgeregt neben dem spannenden Vehikel her, bis es quietschend und knarrend auf dem Römerberg vor dem Rathaus zum Stehen kam.

Geschmeidig sprang ein junger Mann vom Kutschbock. Seltsam war er anzusehen mit seiner engen, gestreiften Hose und seinem knallroten Wams mit Puffärmeln, das lose von einem Ledergürtel zusammengehalten wurde. Freundlich zog er seine Kappe vom Kopf und entblößte seine wilden Locken.

„Grüezi miteinand'!“ Er verneigte sich vor den neugierigen, kleinen Frankfurtern. „Ich bin Balduin, Seiltänzer aus der Schweiz“, stellte er sich vor. „Ich bin hier, um euch mit meinen Gaukeleien auf dem Seil zu unterhalten. Kommt alle zu meiner Vorstellung!"

Dann eilte er auf direktem Weg ins Rathaus und sprach bei den Ratsherren vor. „Grüezi, werte Herren! Balduin der Seiltänzer ist in der Stadt. Ich komme aus der fernen Schweiz und will Euch und Euren Bürgern mein kühnes Spektakel auf dem Seil vorführen. Und zwar am nächsten Sonntag hier auf dem Römerberg. Glaubt mir, meine Kunst ist eine Sensation! So etwas habt ihr Euer Lebtag noch nicht gesehen. Ihr seid alle miteinand' herzlich eingeladen!“ Dann rannte er plötzlich wie von der Tarantel gestochen mit einem Affenzahn durch den Ratssaal, schlug Räder, machte Flickflacks und Luftsprünge, klatschte in die Hände und jauchzte, machte zum Abschluss noch einen Salto und rauschte wieder hinaus.

Die verblüfften Ratsherren sahen einander sprachlos an. „Was war denn das?“, sagte schließlich einer von ihnen. „In meiner gesamten Amtszeit habe ich es noch nicht erlebt, dass einer in eine Ratssitzung stürmt, weil er Gaukeleien vorführen will. So eine Unverschämtheit!“ Entrüstet schüttelten die Ratsherren die Köpfe. „Unser Römerberg ist doch kein Zirkus!“

Da ertönte von draußen schallender Applaus. „Was zum Teufel ist denn da los?“ Die Ratsherren stürzten ans Fenster. Unten auf dem Römerberg hatten sich die Menschen um Balduins bunten Karren geschart. Oben auf dem Kutschbock stand der Gaukler, machte Kapriolen und jonglierte dabei mit brennenden Fackeln. „Bravo Balduin!“, riefen die Frankfurter begeistert.

Die Ratsherren oben am Fenster kamen aus dem Staunen gar nicht mehr heraus. „Nun ja“, bemerkte einer beeindruckt. „Wir sollten es uns vielleicht doch noch einmal überlegen. Wie es scheint, ist dieser Balduin ein wahrer Meister seines Fachs.“ Schnell rafften die edlen Ratsherren ihre Amtsroben und eilten die Treppen hinunter auf den Platz.

„He, Seiltänzer", unterbrachen sie seine Vorführung. „Ihr scheint ein toller Akrobat zu sein. Euer Können hat uns überzeugt! Ihr dürft am Sonntag hier auf dem Römer auftreten. Wo wollt Ihr Euer Seil aufspannen?"

Eifrig zeigte Balduin auf den höchsten Punkt am Römerberg, den Kirchturm der Alten Nikolaikirche, ganze 48 Meter hoch. „Von dort oben möchte ich mein Seil quer über den Römer spannen bis zu einem Mast am anderen Ende des Platzes", sprach er.

Balduin stieg von seinem Karren und reichte den Ratsherren die Hand. „Ich verspreche hoch und heilig mein Bestes zu geben", sagte er und lächelte spitzbübisch. „Und wenn mein Seiltanz euch gefällt, steht es euch frei, mich dafür zu belohnen."

Und so schickten die Ratsherren Holzfäller in den Wald, um einen hohen Baum fällen zu lassen. Sie schlugen die Äste ab und stellten ihn gegenüber der Alten Nikolaikirche am anderen Ende des Römerberges auf.

Mit dem Seil in der Hand stieg Balduin die Stufen zum Kirchturm hinauf, kraxelte hoch bis zur Turmspitze und knotete es gut daran fest. Dann ließ er sich am Seil wieder hinuntergleiten und überquerte den Platz mit dem anderen Seilende in der Hand. Flink kletterte er am Mast hoch, spannte das Seil mit aller Kraft und befestigte es sicher an ein paar Aststümpfen am oberen Ende. Schließlich schwang er sich hinauf und prüfte mit ein paar geübten Seiltanzschritten, ob die Sache auch hielt. „Bombenfest!", strahlte Balduin. Nun waren alle Vorbereitungen für seine Vorstellung getroffen und er konnte mit den Proben beginnen.

Am nächsten Tag war es soweit. Die ganze Stadt fieberte Balduins Seiltanzvorstellung entgegen. Die Frankfurter zogen ihre schönsten Kleider an und drängelten neugierig zum Römerberg. Auf dem ganzen Platz waren Bänke für das Publikum aufgestellt worden. Eine Kapelle spielte, ein riesiger Kessel mit heißen Frankfurter Würstchen prasselte über einem Feuer und es gab Stände, die Handkäs und Ebbelwei feilboten. Balduin lief durch die

Menschenmenge, hüpfte, dehnte und streckte seinen Körper und machte sich warm für seinen großen Auftritt.

Als die Turmuhr der Alten Nikolaikirche dreimal geschlagen hatte, ertönten die Fanfaren zum Vorstellungsbeginn. Erwartungsvoll blickte die Menge nach oben zum Kirchturm.

„Allez hopp!", rief Balduin, stieg auf das Seil und streckte die Arme aus.

Zögernd schob er die Füße auf dem Seil voran, dann wagte er ein paar kleine, anmutige Sprünge, lief vor und zurück und hüpfte dann auf einem Bein über das Seil.

„Hilfe!"

Plötzlich wedelte er schreiend mit den Armen durch die Luft und neigte sich gefährlich zur Seite, gerade so, als würde er vom Seil fallen. Ein Aufschrei ging durch die Menge.

„Haha, reingefallen!", rief Balduin, kniete sich hin und beugte sich kopfüber auf das Seil. Ganz langsam streckte er die Beine in die Luft und machte einen Kopfstand. Mit angehaltenem Atem verfolgten die Menschen seine Darbietung und honorierten sie mit ohrenbetäubendem Applaus. „Bravo, großer Balduin!", riefen sie rasend vor Begeisterung. Was für ein Tausendsassa!

Doch damit nicht genug. Als er fast am anderen Ende des Seils angekommen war, warfen Leo und Fritz, zwei Sachsenhäuser Buben, dem Künstler vom Mast aus kleine, bunte Lederbälle zu, mit denen er eine waghalsige Jongliernummer hinlegte. Dann reichten sie ihm eine lange Stange, die er vor seinem Körper balancierte.

„Allez hopp!" Auf sein Kommando sprangen die beiden Jungen gleichzeitig vom Mast ab und hängten sich jeder an eine Seite der Stange. Ein Trommel-

wirbel setzte ein. Balduin hob die Stange hoch über seinen Kopf und begann sie zu drehen, so dass Leo und Fritz daran im Kreis gedreht wurden wie auf einem Karussell.

„Gut festhalten, Jungs!", rief der Seiltänzer ihnen zu. „Wir machen uns auf den Rückweg."

Die Frankfurter jauchzten und feuerten ihn an. „Bal-du-in! Bal-du-in! Bal-du-in!", riefen sie im Chor.

Wieder am Kirchturm angekommen, stoppte Balduin die Karussellfahrt und setzte seine beiden Assistenten wohlbehalten auf dem Turm ab. Tosender Applaus erhob sich und die drei verbeugten sich strahlend vor dem dankbaren Publikum.

Unten auf dem Platz wurden die Seiltanzhelden johlend empfangen. Die Ratsherren schlugen Balduin anerkennend auf die Schulter.

„Danke, großer Balduin, Ihr habt uns nicht enttäuscht, sondern unsere Erwartungen sogar weit übertroffen! Ihr seid wirklich ein grandioser Seiltänzer! Mit diesen Worten überreichten sie dem Gaukler einen Beutel mit 50 Talern für seine gelungene akrobatische Leistung! „Versprecht uns, bald wieder nach Frankfurt zu kommen und eine weitere Vorstellung zu geben! Die Frankfurter haben Euch wahrhaft ins Herz geschlossen."

„Nichts lieber als das!", sagte Balduin und freute sich über den großzügigen Lohn. „In diese schöne Stadt komme ich gerne zurück. Ein besseres Publikum ist mir noch nie begegnet!", sprach er. Mit tatkräftiger Hilfe der beiden Jungs rollte er sein Seil auf und verstaute seine Sachen wieder ordentlich in seinem Wagen.

Zum Abschied drehten Balduin, Fritz und Leo auf dem Pferdekarren noch eine Ehrenrunde und winkten den Frankfurtern zu. Balduin gab jedem seiner Assistenten 10 Taler als Dankeschön und verabschiedete sich von ihnen.

„Ade, ihr Lieben! Bis zur nächsten Vorstellung auf dem Römerberg."

Er schnalzte mit der Zunge und sein braves Pferdchen setzte sich in Bewegung. So verschwand Balduin der Seiltänzer wieder durch das Eschenheimer Tor auf dem Weg in die nächste Stadt, um ein neues Publikum mit seinen Seiltanzkünsten zu erfreuen.

Der Seiltanz auf dem Römerberg hat tatsächlich stattgefunden, und zwar im Jahr 1588. Nur hieß der echte Seiltänzer nicht Balduin, sondern Henrich Leynen und kam aus St. Gallen in der Schweiz.

Der Römerberg, den hier jeder kennt, ist seit dem 15. Jahrhundert der Rathausplatz von Frankfurt. Benannt wurde er nach dem Haus zum Römer, dem mittleren der drei rosaroten Gebäude mit seiner großen Uhr und seinem Kaiserbalkon mit den Kaiserstatuen.

Der Name ‚Haus zum Römer' kommt wahrscheinlich vom Spitznamen seines früheren Besitzers, der Kaufmann war und mit Italien Handel trieb.

Im Rathauskomplex (11 Gebäude) arbeitet der Oberbürgermeister, hier hat die Stadtverwaltung ihren Sitz und es finden Hochzeiten statt. Nach dem Zweiten Weltkrieg waren nur noch die Fassaden der alten Häuser stehengeblieben. Man hat sie renoviert und dahinter neue, moderne Gebäude gebaut.

Ellie und das Kleinhorn

Unweit der Hauptwache lebte vor fast dreihundert Jahren ein kleines, schlaues Mädchen namens Ellie. Zehn Jahre war sie alt und ein richtig frecher Frankfurter Fratz. Mit wachen blauen Augen schaute sie in die Welt. Ihre kurzen blonden Zöpfe standen eigenwillig von ihrem Kopf ab und ihre Stupsnase war voller Sommersprossen.

Fragte man Ellie, was ihre Lieblingstiere waren, kam stets die gleiche Antwort: „Einhörner!“ In die war sie nämlich richtig vernarrt. „Einhörner sind mein Hobby!“, sagte sie immer.

Am liebsten hätte sie ein Einhorn als Haustier gehabt, aber es war ungeheuer schwer, an eines heranzukommen. Viele Frankfurter behaupteten sogar, es würde gar keine geben.

„Diese Dummköpfe! Natürlich gibt es Einhörner.“ Für Ellie stand das felsenfest. Doch so sehr sie bei ihren Waldspaziergängen auch Ausschau hielt, sie hatte noch nie ein Einhorn zu Gesicht bekommen. „Wenn sie nur nicht so verflixt scheu wären...“, dachte sie missmutig. „Aber irgendwann wird mir eins begegnen. Das weiß ich ganz genau. Ich muss nur lange genug danach suchen.“

„Die Ellie mit dem Einhorn-Fimmel!“, lachten die Kinder aus der Nachbarschaft sie aus, denn Ellie redete über nichts anderes.

„Einhörner fangen, das können nur Kinder“, erklärte sie ihnen. „Gehe nachts in den Wald, setze dich auf eine Lichtung und sei mucksmäuschenstill. Warte, bis der Mond die Waldwiese in sein goldenes Licht getaucht hat. Wenn die Luft zu glitzern beginnt und du ein leises Klimpern hörst, dann ist das Einhorn nicht mehr weit. Mach keinen Mucks und rühr dich nicht,

dann kommt es zu dir und setzt sich auf deinen Schoß." So zumindest stand es im Handbuch für mutige Einhornforscherinnen, das Ellie immer bei sich trug.

Ellie wohnte mit ihren Eltern in einem schönen roten Haus, direkt neben der Apotheke. Hinter ihrem Haus erstreckte sich eine saftige grüne Wiese voller Apfelbäume. Eines Morgens auf dem Schulweg sah sie ein Schild im Fenster des Apothekers nebenan: „Frisch geriebenes Einhornpulver – Das Allheilmittel gegen jede Krankheit."

Ellie erstarrte! Den ganzen Tag über ging ihr das Wort im Kopf herum. Einhornpulver..., Einhornpulver..., Einhornpulver...

Wo um Himmels Willen hatte der Apotheker bloß dieses Einhornpulver her? Hatte er es einem fahrenden Händler abgekauft? Oder hielt er gar ein Einhorn in seinem Keller gefangen und rieb täglich mit einer Reibe frisches Pulver von seinem Horn? Wie abscheulich! Das ging der überzeugten Tier- und Einhornschützerin Ellie entschieden zu weit. „Da muss ich eingreifen!" beschloss sie und begann, dem dubiosen Herrn Apotheker hinterherzuspionieren.

Als die Sonne unterging, lag Ellie bereits mit ihrem Fernrohr am Dachfenster auf der Lauer und beobachtete aufgeregt das Haus des Apothekers. Bei Einbruch der Dunkelheit öffnete sich die Tür. Der Apotheker trat heraus, schaute sich vorsichtig um und machte sich dann zügigen Schrittes auf den Weg.

In Windeseile zog Ellie ihren Mantel an, lief nach draußen und heftete sich an seine Fersen. Dabei musste sie höllisch aufpassen, dass der Apotheker ihre Schritte nicht hörte und sie erwischte. Über den Roßmarkt folgte sie ihm und am Römer vorbei bis hinunter ans Mainufer, dann über die Brücke und durch Sachsenhausen bis in den Stadtwald.

Ein ganz schön langer Weg für ein zehnjähriges Mädchen und das auch noch im Dunkeln. Aber Ellie ließ sich nicht beirren. Für Angst war keine Zeit. Sie war viel zu neugierig, dem Geheimnis des Apothekers auf die Spur zu kommen und zu erfahren, wo sein seltsames Einhornpulver herkam.

Der Mond warf sein goldenes Licht über den Wald, leuchtete ihr den Weg und verlieh den Baumstämmen ringsumher einen magischen Glitzerglanz. Ellie beobachtete, wie der Apotheker von Baum zu Baum ging und mit einem Messer eine merkwürdig glitzernde Substanz von den Stämmen schabte und sie in einen Beutel füllte.

„Das Einhornpulver!“, schoss es Ellie durch den Kopf. „Jetzt kenne ich dein Geheimnis, Herr Apotheker! Das Einhorn läuft durch den Wald, reibt sein Horn an den Baumstämmen und das glitzernde Einhornpulver

bleibt daran kleben. Und dann schabt der Apotheker es ab und verkauft es in seiner Apotheke. So läuft das also."

Da plötzlich hatte Ellie einen Geistesblitz: „Wo es Einhornpulver gibt, muss es logischerweise auch ein Einhorn geben!"

Ihre Augen begannen zu leuchten. Wie hieß es noch in ihrem Handbuch für mutige Einhornforscherinnen? „Begib dich auf eine Lichtung und sei mucksmäuschenstill..." Das war die Gelegenheit! In dieser Nacht konnte Ellie ihr Einhorn fangen. In dieser Nacht konnten all ihre Träume in Erfüllung gehen.

Sie ließ den pulversammelnden Apotheker seines Weges ziehen, folgte dem Mondschein bis zu einer Lichtung, setzte sich auf die Wiese und wartete. Mucksmäuschenstill war sie und wagte nicht, sich zu bewegen. Ein Käuzchen schrie und irgendwo raschelte es im Unterholz.

So langsam wurde es Ellie unheimlich und sie begann zu frösteln. Als sie gerade aufstehen und wieder nach Hause gehen wollte, vernahm sie plötzlich ein leises Klimpern wie von einem Glöckchen. Immer näher kam das Klimpern, die Luft begann zu flirren und mit einem Mal war die ganze Lichtung von Glitzerstaub erfüllt. Und mittendrin in der glitzernden Wolke stand ein kleines, weißes Wesen mit vier Beinen und einem Horn auf der Stirn.

„Ein kleines Einhorn", flüsterte Ellie verzückt. „Ein Kleinhorn!" Das Wundertier löste sich aus der Wolke und kam langsam auf Ellie zu. Dreimal umkreiste es das Mädchen und stupste dann sanft mit seinem Horn an Ellies Schulter. Dann ließ es sich auf ihrem Schoß nieder und kuschelte sich an sie.

Ellie war wie vom Donner gerührt. Passierte das wirklich? Saß sie hier tatsächlich im Wald auf einer Lichtung mit einem Einhorn auf dem Schoß? Vorsichtig streichelte sie das Fabeltier und konnte ihr Glück kaum fassen.

„Ich werde dich Glöckchen nennen“, sprach sie und war selig. Nachdem die beiden noch eine Weile so gesessen hatten, war es an der Zeit, nach Hause zurückzukehren. Glöckchen nahm Ellie auf den Rücken und im Nullkommanix waren sie durch die Luft geritten und standen vor Ellies Zuhause. Ellie führte Glöckchen auf die Wiese hinterm Haus, fütterte es mit ein paar Äpfeln und wünschte ihm eine gute Nacht.

So hatte das Kleinhorn bei Ellie und ihrer Familie Einzug gehalten und sollte für immer bleiben. Glöckchen und Ellie wurden unzertrennlich. Und auch der Apotheker freute sich, denn nun hatte er es zum Pulversammeln nicht mehr so weit. Ellie überließ ihm Glöckchens Einhornpulver nur zu gerne, denn ohne den Apotheker und seine verrückten Ideen wäre sie dem Kleinhorn nie begegnet. Und ihr Glöckchen war für Ellie das allergrößte Glück.

Einhörner sind Fabelwesen und selbst in Frankfurt schwer zu finden. Dem magischen Einhornpulver schrieb man früher heilende Wirkung zu.

Vor langer Zeit wurde bei Fundamentsarbeiten an der Stadtmauer am Bockenheimer Tor tatsächlich ein elfenbeinartiges Horn ausgegraben, das man einem Einhorn zuschrieb. Deswegen wurde das Plätzchen an der Staufenmauer auch früher Einhornplätzchen genannt. Heute weiß man jedoch, dass es wahrscheinlich ein Mammutzahn gewesen ist.

Eine Einhorn-Apotheke gibt es in Frankfurt übrigens immer noch, nur wird dort leider kein Einhornpulver mehr verkauft.

Gruselspuk im Fischerfeld

Im Frankfurter Fischerfeld stand einst ein altes, verwittertes Herrenhaus. Darin wohnte der seltsame Herr von Frackstein, Dagobert mit Vornamen. Weil alle seine Verwandten schon gestorben waren und er weder Frau noch Kinder hatte, war Herr Dagobert der letzte Nachfahre seiner ehemals so angesehenen Sippe. Und er lebte mutterseelenallein in dem riesigen Gemäuer, von dem die Frankfurter sich erzählten, dass es ein Spukhaus sei.

Mit seinen wappenverzierten Erkern, dem mächtigen Eingangsportal und seinen schiefen Ecktürmchen sah das Haus ein bisschen aus wie eine Ritterburg, jedoch wirkte es düster und ziemlich heruntergekommen. Kein Wunder, schließlich lebte Herr von Frackstein ganz allein in dem alten Kasten und konnte unmöglich alle 65 Zimmer des Anwesens bewohnen, geschweige denn, sie in Schuss halten.

Deswegen beschäftigte der Hausherr auch eine große Dienerschaft. Eine ganze Kompanie von Küchenmägden, Knechten, Wäscherinnen, Stallburschen, Dienstmädchen, Kammerdienern, nicht zu vergessen die dicke Köchin Berta. Sie alle standen tagtäglich auf der Matte, um die maroden Stuben zu fegen, den Verfall auf Hochglanz zu putzen, den Hof und die Ställe in Ordnung zu halten und den werten Herrn von vorne bis hinten zu bedienen.

Über Nacht jedoch wollte keiner von ihnen bleiben, obwohl es dort so viele leer stehende Zimmer gab. Denn der Geist der alten Elvira, einer längst verblichenen Urgroßtante von Herrn Dagobert, spukte nachts durch die Flure und lauerte den Dienstboten auf.

Angeblich war die grausige Elvira vor über hundert Jahren von ihren eigenen Dienern mit einem Fliegenpilzgericht vergiftet worden, weil sie stets böse und ungerecht zu ihnen war. Seitdem gespensterte sie durch die verlassenen Zimmer, um sich an allen Bediensteten zu rächen, die es wagten, nachts in dem alten Familiensitz aufzukreuzen.

Verwinkelt und unübersichtlich war das alte Gemäuer, wie ein Labyrinth. Wer dort arbeitete, lief ständig treppauf und treppab, durch unzählige Kammern und Säle. Und wer zu später Stunde in dem unendlichen Flurlabyrinth verloren ging, der erlebte den schauerlichsten Gruselspuk aller Zeiten. Kaum war die Sonne untergegangen, ging es auch schon los.

„Buhuuu!", schallte Elviras Jammern durch die Korridore, wurde lauter und lauter, kam näher und näher, verebbte wieder und entfernte sich. Wie ein Nebelschleier schwebte ihre durchsichtig weiße Gestalt durchs Treppenhaus. Zu Tode erschreckt verbargen sich die Dienstboten in den Ecken und Winkeln oder versteckten sich in den Kleiderschränken. Mit einem zischelnden „Zusch!" erschien der Geist plötzlich in der Küche, klapperte sich durch das Geschirr, kippte Kessel und Töpfe um und ließ dem Küchenpersonal das Blut in den Adern gefrieren. Auch wenn die beherzte Berta heftig mit ihrer Suppenkelle auf die Gestalt einschlug, das Gespenst entwischte ihr immer wieder und kicherte gruselgrausig durchs Treppenhaus.

„Buhuuu!", tönte es in den Ställen, und ein Regen von Heu und Stroh ging auf die vor Angst zitternden Kühe und Pferde nieder. Mutig stachen die Stallburschen mit ihren Mistgabeln zu, aber natürlich ins Leere.

„Buhuuu!", polterte Geist Elvira klirrend durch die Weinkeller wieder ins Haus hinein. Wild wuschte ihre Nebelgestalt im Slalom um die zu Stein erstarrten Stubenmädchen herum. Herrschaftszeiten, was für ein unerträgliches Gruselspektakel! Jede verflixte Nacht ging das so.

„Dieser Tantenspuk muss ein Ende haben, ein für alle Mal", sagte Knecht Kuno eines Morgens zum Hausherrn. „Sonst suchen wir uns alle eine neue Arbeit." Die Dienstboten hatten sich im Salon versammelt und nickten zustimmend. „Aber was können wir tun, um Elviras Geist zu besänftigen?", fragte Wäscherin Wilhelmine. Ratlos sahen sie einander an.

Plötzlich trat ein Funkeln in Köchin Bertas Augen.

„Ich hab's!", rief sie freudig und rieb sich die Hände. „Heute Abend veranstalten wir zu Elviras Ehren eine Abendgesellschaft vom Feinsten. Mit den erlesensten Speisen und den edelsten Getränken. Jeder von euch bereitet sein Lieblingsessen zu. Der Geist von Urgroßtante Elvira soll von allem probieren und sich höchstpersönlich davon überzeugen, dass keiner von uns sie vergiften will. Vielleicht hört sie dann mit ihrem elenden Gruselspuk auf und wir können endlich in Ruhe unserer Arbeit nachgehen, auch nach Sonnenuntergang."

Nachdem sie der Köchin gebührend applaudiert hatten, begab sich die Dienerschaft in die Küche und machte sich gemeinsam an die Arbeit. Sie schnippelten und kneteten, backten und hackten, brieten und brutzelten, würzten und rührten. Ein köstlicher Duft erfüllte das Herrenhaus und bereits am Nachmittag war der große Tisch im Speisesaal reich gedeckt mit den leckersten Suppen, Braten, Fischgerichten, Aufläufen, Pasteten, Kuchen, Waffeln, Puddings und Pralinen. Ein einziges Schlaraffenland!

Bei Sonnenuntergang war alles bereit. Der Hausherr und sein Personal wuschen sich die Hände und setzten sich zu Tisch, in Erwartung des schauerlichen Gruselspuks. Sie erhoben sich und ihre Gläser und prosteten einander zu.

„Auf Urgroßtante Elvira!", sprach Herr Dagobert. Dann setzten sie sich und lauschten gespannt.

„Buhuuu!", ertönte es aus Elviras altem Turmzimmer. Das Heulen wurde immer lauter, jammerte die Treppe herunter und kam immer näher. „Buhuuu!"

Knarrend öffnete sich die Tür zum Speisesaal und eine weiße Gestalt waberte herein. Die Dienstboten zitterten wie Espenlaub, nahmen jedoch all ihren Mut zusammen, um nicht vom Tisch wegzulaufen.

„Buhuuu!“, wimmerte das Gespenst nun schon etwas leiser und interessierter. Langsam näherte sich die Spukgestalt und schnupperte.
„Buhuuummmh, hmmmh!“

Etwas freundlicher gestimmt, setzte sich das Tantengespenst zu ihnen an den Tisch und schaute gierig auf die aufgetürmten Speisen.

„Guten, Buhuuu, Appetit allerseits!“, heulte es, begann zu essen und hörte gar nicht mehr auf. Schließlich hatte die spukende Urgroßtante seit hundert Jahren nichts mehr gegessen. Fröhlich und guter Dinge mampfte Elvira die Köstlichkeiten in sich hinein und vertrug sie hervorragend. Erleichtert griffen alle zu und genehmigten sich ein Festessen, wie sie es noch nie erlebt hatten. Denn wer speiste schon in Anwesenheit eines echten Gespenstes?

Das Festessen mundete allen vorzüglich, besonders Urgroßtante Elvira war hochzufrieden. Ihr zu Ehren hatten die Dienstboten das leckerste und verträglichste Essen gekocht. Von Fliegenpilzen keine Spur! Sie hatten sie überzeugt. Keiner von ihnen wollte sie vergiften und alle waren ihr wohlgesonnen. Zum Dank versprach sie, von nun an ein freundliches Gespenst zu sein, nie wieder Dienstboten zu erschrecken und ihren Gespensterzauber zur Verschönerung des verfallenen Herrenhauses einzusetzen, um ihm neues Leben einzuhauchen.

Bald schon erstrahlte das alte Gemäuer in neuem Glanz. Dagobert von Frackstein wohnte nun nicht mehr allein, sondern in einer Wohngemeinschaft. In den leeren Zimmern wohnten nun Küchenmägde, Knechte, Wäscherinnen, Stallburschen, Dienstmädchen, Kammerdiener und die dicke Köchin Berta. Und im alten Turmzimmer wohnte ein freundliches Gespenst.

Die Frankfurter Fischereizunft ist über tausend Jahre alt. Das heutige Fischerfeldviertel hat seinen Namen von den Fischern, die früher mit ihren Fischerhütten das sumpfige Gebiet am Mainufer bevölkerten und in den dortigen Teichen ihre Fische fingen. Heute erinnert nur noch die Fischerfeldstraße an das alte Fischerfeld, das lange vor den Stadtmauern lag und heute zur Frankfurter Innenstadt gehört. Aber ob es dort jemals gespukt hat, kann euch wohl nur noch ein alter Fischer erzählen.

Eine Neun in der Wetterfahne

Vor langer, langer Zeit trieben in den Frankfurter Wäldern viele Wilddiebe ihr Unwesen. Sie schossen Rehe, Wildschweine, Füchse, Hasen, Rebhühner und andere Waldtiere, obwohl sie gar keine Erlaubnis dazu hatten. Wer ohne die Erlaubnis des Waldbesitzers erwischt wurde, dem erging es übel. Wilddiebe wurden nämlich nicht nur ins Gefängnis geworfen, sondern ihnen drohte sogar die Todesstrafe. Solche Zeiten waren das.

Eines schönen Tages schulterte der schöne Hans aus Dreieich sein Gewehr und ging zum Wildern in den Wald. Ein flotter junger Mann war er, ein tollkühner Pfiffikus und ein grandioser Schütze obendrein. So zog er durch den Stadtwald und schoss alles ab, was ihm vor die Flinte kam. Piff! Paff! Puff!

Und was soll man sagen? Es war sein Glückstag! Ganze neun Hasen und neun Rebhühner erbeutete er. „Waidmannsheil!", rief er laut und sang aus voller Kehle seine schönsten Jagdlieder. Das hörte der Förster auf seinem täglichen Kontrollgang. Kurzentschlossen folgte er dem fröhlichen Gesang und erwischte den schönen Hans auf frischer Tat.

„Frevel!", brüllte er und packte Hans beim Kragen. „Hab ich dich, du böser Wilddieb! Jetzt bist du entlarvt!" Dann blies er das Alarmzeichen für die Wachen in sein Jagdhorn und lieferte ihnen den Übeltäter aus.

Die Wachen führten den schönen Hans ab, nahmen seine Flinte und seine Beute an sich und warfen ihn in den alten Eschenheimer Gefängnisturm mit seiner quietschenden Wetterfahne auf der Turmspitze. Neun Tage und neun Nächte sollte der schöne Hans dort eingekerkert bleiben. Dann sollte sein Todesurteil vollstreckt werden. Neun Tage und neun Nächte würde er außerdem das schreckliche Gequietsche der Wetterfahne ertragen müssen. Dieses höllische Geräusch, das ihm durch Mark und Bein ging und ihn nachts ständig aus dem Schlaf riss. Niedergeschlagen saß der schöne Hans in seinem Turmverlies und blies Trübsal.

Tag für Tag schleppte sich der klapprige Hausmeister die steile Wendeltreppe bis zum Turmverlies hinauf, um dem schönen Hans sein Essen zu bringen. Und weil der Hausmeister schon so alt und tatterig war und den Korb mit Hans' Essen nicht alleine tragen konnte, half ihm seine Enkelin Frieda. Immer um die Mittagszeit trug der Hausmeister den rasselnden Schlüsselbund nach oben und Frieda den schweren Picknickkorb mit Proviant, der in rote Geschirrtücher eingewickelt war. Ein richtiges Frankfurter Meedsche war sie. Keck, quirlig, schlau und stets guter Dinge. Und wenn sie lachte, ging die Sonne auf.

Als der Hausmeister zum ersten Mal die Kerkertür aufschloss, erblickte Hans hinter dem alten Mann das schönste Mädchen, das ihm je begegnet war.

„Ich bin die Frieda“, sagte die Schönheit und strahlte ihn mit ihren sanften braunen Augen an. „Hans!“ Mehr brachte er nicht heraus, wurde rot bis in die Haarspitzen und verliebte sich unsterblich in das Mädchen. Von da an fieberte Hans jeden Tag der Mittagszeit entgegen und träumte davon, Frieda eines Tages zu heiraten. Aber dazu musste er unbedingt der Todesstrafe entgehen. Er zermarterte sich das Hirn. „Wie komme ich bloß hier raus?“

Immer wieder störte das schrille Quietschen der Turmfahne ihn beim Nachdenken. Es war nicht zum Aushalten. „Durchlöchern wie ein Sieb sollte man das olle Quietschding!“, fluchte er, als Frieda ihm am nächsten Tag den Essenskorb brachte. „Eine Neun sollte ich hineinschießen für neun Tage und neun Nächte Quietschfolter in diesem schrecklichen Verlies.“

„Keine schlechte Idee“, entgegnete Frieda. „Du bist doch so ein guter Schütze. Warum schlägst du das nicht den Ratsherren vor?“

Da kam Hans eine waghalsige Idee: „Ich wette um mein Leben, dass ich es schaffe mit neun Kugeln aus meiner Jagdflinte eine vollendete Neun in

die Turmfahne zu schießen“, schlug er den Ratsherren vor. „Schaffe ich es, schenkt ihr mir die Freiheit. Wenn nicht, will ich mich eurem Urteil fügen.“ Die Ratsherren sahen einander ratlos an und verstanden die Welt nicht mehr. Kein Mensch würde es jemals schaffen, mit nur neun Kugeln eine perfekte Neun in eine sich im Wind drehende Wetterfahne zu schießen. Nur ein Meisterschütze konnte das.

Die Ratsherren berieten sich. „Was haben wir zu verlieren? Wenn der Wilddieb die Neun tatsächlich schafft, dann erfährt das ganze Land, dass wir einen Meisterschützen in unserer Stadt haben. Wir werden berühmt und unser geliebtes Frankfurt wird in aller Munde sein!“ Und so ließen sie sich auf Hans‘ verrückte Wette ein. Am neunten und letzten Tag seiner Gefangenschaft sollte die gewagte Schießübung stattfinden.

Als der große Tag gekommen war, brachte Frieda die frisch geölte und geladene Jagdflinte ins Turmverlies. Die beiden sahen einander tief in die Augen und Frieda lächelte ihr Zauberlächeln. „Ich wünsche dir alles Glück der Welt, schöner Hans. Wenn du alle Neune in die Turmfahne triffst und eine perfekte Neun entsteht, bist du frei. Dann werde ich dich zum Manne nehmen. Versprochen! Also schieß‘ mir bloß nicht daneben.“ Sie gab ihm einen Kuss und verschwand die Wendeltreppe hinunter.

Es war ein stürmischer Tag. Wild wehte der Wind um den Eschenheimer Turm. Doch trotz des schlechten Wetters hatten sich die neugierigen Frankfurter zahlreich am Turm versammelt und waren gespannt wie die Flitzebögen. Da endlich wurde der schöne Hans von den Wachen nach unten gebracht. Er ging ein Stück, stellte sich mit etwas Abstand zum Turm auf und richtete seine Flinte nach oben auf die Wetterfahne. Es fiel ihm schwer bei den stürmischen Windböen sein Gewehr gerade zu halten. Und dann sollte er auch noch auf eine Wetterfahne schießen, die sich unberechenbar im Wind drehte.

Als er ganz konzentriert über Kimme und Korn zielte, fiel ihm plötzlich ein roter Streifen Stoff an der Fahnenstange ins Auge. Jemand hatte doch tatsächlich die Wetterfahne mit einem roten Geschirrtuch an der Fahnenstange festgebunden, so dass sie dem Wind standhielt und ein perfektes Ziel abgab. Das konnte nur eine gewesen sein, seine schlaue Frieda.

Sicher legte Hans an, spannte den Hahn und drückte fest auf den Abzug. „Bam!“ Der erste Schuss knallte, dicht gefolgt vom zweiten und dritten. „Bam! Bam!“ Der vierte, fünfte und sechste folgten, alle haargenau nebeneinander. Schuss für Schuss entstand ein Muster in der Wetterfahne. Nach jedem Schuss ertönte der dröhnende Applaus der Frankfurter. „Bam!“ Auch der siebte Schuss saß. „Bam!“ Der achte ebenso. Die Frankfurter hielten den Atem an. Jetzt ging es um Leben und Tod. Hans zitterte vor Aufregung. „Denk an mein Versprechen, Liebster, denk an unser Lebensglück!“, rief Frieda ihm zu.

Mit allerhöchster Konzentration visierte Hans sein Ziel an. Dann betätigte er den Abzug für den finalen Schuss. „Baaam!“ Mit lautem Knall ertönte Schuss Nummer neun. Eine Rauchwolke erfüllte die Luft. Als sie sich verflüchtigt hatte, war da tatsächlich eine vollendete Neun aus Löchern in der Wetterfahne. „Bravo!“ Begeistert jubelten die Frankfurter dem schönen

Hans zu, der erschöpft seine Flinte senkte und strahlte wie ein Honigkuchenpferd. Und am lautesten von allen jubelte Frieda, seine zukünftige Braut.

Hans dem Meisterschützen wurde nicht nur die Freiheit geschenkt. Wegen seiner außergewöhnlichen Schießkünste ernannten ihn die Ratsherren zum städtischen Jäger. An einem sonnigen Frühlingstag heiratete er seine geliebte Frieda und die beiden zogen ins Jagdhaus im Stadtwald. Dort lebten sie glücklich und zufrieden bis an ihr Lebensende. Die durchlöcherte Wetterfahne wurde zu einem Wahrzeichen und sollte die Frankfurter immer daran erinnern, dass einmal ein grandioser Meisterschütze im Eschenheimer Turm eingekerkert war. Doch niemand sollte je erfahren, dass jemand ihm bei seiner Meisterleistung ein kleines bisschen geholfen hatte.

Der Sage nach hat sich diese Geschichte um das Jahr 1550 zugetragen und der schöne Hans hieß mit vollem Namen Hans Winkelsee.

Der Eschenheimer Turm ist 47 Meter hoch, wurde Anfang des 15. Jahrhunderts erbaut und war ein Stadtturm der ehemaligen mittelalterlichen Stadtmauer. Im Turm gab es früher auch ein Gefängnis und eine Wohnung für den Turmwächter. Wer genau hinschaut, der findet an der Spitze des Torbogens am Turm einen kleinen Männerkopf mit Mütze, von dem so manch einer sagt, es sei der Kopf von Hans Winkelsee.

Bis heute ist in der Wetterfahne des Turms eine Neun aus Löchern zu sehen. Es handelt sich allerdings inzwischen um eine Nachbildung, weil die erste Fahne bei einem Blitzeinschlag herunterfiel und zerstört wurde.

Am Hexenplätzchen

Im 16. Jahrhundert, als der Dreißigjährige Krieg wütete und Frankfurt von den schwedischen Truppen besetzt war, lebten in der Alten Mainzer Gasse zwei heilkundige Frauen namens Nieswurz. Ihr hutzeliges Häuschen stand an einem klitzekleinen Plätzchen, genau dort, wo die Gasse einen Bogen machte.

Rund um das Häuschen lag ein wilder, verwunschener Garten. Dort wuchsen alle Kräuter, die sie für die Heilung der Menschen im Altstadtviertel brauchten: Spitzwegerich gegen Husten, Salbei gegen Halsschmerzen, Tausendgüldenkraut gegen Verdauungsbeschwerden, Arnika gegen Fieber, Lavendel gegen Schlaflosigkeit, Melisse gegen Zahnweh und viele andere mehr.

Schon von Kindesbeinen an hatte die weise Heilerin Hortensia ihre Tochter Zelia in die Geheimnisse der Heilkunst eingeweiht. Zahlreich kamen die Menschen aus dem Altstadtviertel zu dem hutzeligen Häuschen und warteten auf den wundersamen, schmerzlindernden Kräutersud, den die beiden Frauen gegen jedes Leiden zusammenbrauten. Darin waren sie nämlich richtige Profis, denn ihre Medizin half immer und jedem. Kein Wunder, schließlich pflückten sie ihre Kräuter bei Vollmond, wenn sie die beste Wirkung hatten.

So waren Mutter und Tochter Nieswurz mit ihren schönen roten Haaren so etwas Ähnliches wie die Apothekerinnen der Altstadt, wenn es zu jener Zeit schon Apotheken gegeben hätte. Und die Bewohner des Viertels waren ungeheuer dankbar, dass die beiden da waren und alle Schmerzen vertrieben.

Allerlei Getier wohnte bei den Damen. Der zahme Rabe Krix, den Frau Hortensia einst von einem gebrochenen Flügel kuriert hatte, saß am liebsten auf ihrer Schulter. Diverse streunende Katzen, die sie aufgenommen hatten,

gingen im Kräutergarten auf Mäusefang. Außerdem war da noch die zwar recht fette, aber freundliche Kröte Eulalia, die Zelia auf Schritt und Tritt laut quakend hinterherhopste und die Fliegen im Haus wegfraß. So war in dem kleinen Häuschen immer etwas los.

Eines Tages klopfte ein verletzter schwedischer Soldat an ihre Tür. Er hatte eine schlimme Wunde am Bein, die vom Schwerthieb seines Gegners in der letzten Schlacht stammte.

„Bitte helft mir", flehte er Frau Hortensia an. Er krümmte sich vor Schmerzen und hielt sich das verwundete Bein. Und obwohl er zu den feindlichen Truppen gehörte, die Frankfurt besetzt hielten, ließ die gute Frau Hortensia ihn herein und legte ihn auf die Liege in der Stube.

Verschreckt sah Zelia, wen ihre Mutter da behandeln wollte.

„Mutter, bist du verrückt geworden? Er ist ein Feind!", flüsterte sie ihr zu.

Da entgegnete Frau Hortensia streng: „Wir Nieswurzens heilen alle Kranken, egal ob groß oder klein, ob jung oder alt, ob arm oder reich, ob Freund oder Feind. Er ist ein Mensch wie du und ich. Er hat Schmerzen und er braucht Hilfe. Keine Diskussion, meine Tochter!"

Also reinigten sie seine Wunde mit warmem Wasser und machten ihm Umschläge mit einer Tinktur aus Kamille, Beinwellwurzel, Ringelblume und Johanniskraut. Dann gaben sie ihm eine heiße und tröstende Brühe zu essen und, siehe da, schon bald hatte er sich erholt und seine Schmerzen waren fast verschwunden.

Da wurde er gesprächig und begann in seiner schwer verständlichen, schwedischen Sprache zu reden. Mit Händen und Füßen und einigen Wortfetzen unterhielten sich die Damen mit dem fremden Soldaten. Sie erfuhren, dass er Björn hieß und plauderten mit ihm über seine Familie in Schweden, seine Abenteuer und das schöne Leben in Frankfurt.

„Was für ein netter Mensch!", sagte Zelia, als er am Abend das Häuschen verließ. „Siehst du", erwiderte ihre Mutter lächelnd. „Wir haben das Richtige getan."

Jeden Tag kam Björn nun zum Verbandswechsel vorbei und immer brachte er den Damen eine Überraschung mit. Mal einen Blumenstrauß, mal ein Glas Honig, mal einen leckeren Apfelkuchen. Seine Wunde heilte rasch und er fühlte sich schon viel besser. Tag für Tag machten sie ihm einen frischen Umschlag mit Heilkräutersud und setzten sich danach mit ihm zum Plaudern an den Küchentisch. Und mit der Zeit wurden sie richtig gute Freunde.

Doch seine Besuche bei den Heilerinnen blieben nicht unbemerkt. Die Nachbarn und ihre anderen Patienten waren gar nicht begeistert davon, dass Mutter und Tochter Nieswurz einen Soldaten der feindlichen Truppen behandelten. Im Gegenteil, es gefiel ihnen ganz und gar nicht.

„Miese Verräterinnen!“, zischten die Leute ihnen hinterher. Und so begann im Frankfurter Altstadtviertel das üble Gerede.

„Diese Nieswurzerinnen waren immer schon verdächtig“, sagte einer.

„Diese roten Haare... und sie brauen magische Zaubertränke, wie Kräuterhexen“, meinte ein anderer.

„Und pflücken ihre Kräuter heimlich in Vollmondnächten“, ergänzte ein Dritter.

„Und halten seltsame Tiere. Ein ewiges Krächzen, Maunzen und Quaken ist das, als könnten die Viecher sprechen“, lästerte ein Weiterer. „Es würde mich nicht wundern, wenn die beiden auch auf Besen reiten.“

„Rabendreck und Krötenbein, das werden sicher Hexen sein!“, zeterten die Marktfrauen und tratschten die Gerüchte munter weiter. Und obwohl sie unschuldig waren und den Menschen immer nur Gutes getan hatten, waren Hortensia und Zelia plötzlich als bösartige Hexen verschrien, die mit dem Teufel im Bunde waren. Und wer damals als Hexe galt, wurde verhaftet, verurteilt und auf dem Scheiterhaufen verbrannt. So war das in diesen schlimmen Zeiten.

So nahm das Schicksal seinen Lauf und polterte eines Tages laut an die Tür des kleinen Häuschens. Mit ohrenbetäubendem Krachen brachen die Wachen ins Haus, um die Heilerinnen abzuführen.

„Dienerinnen des Teufels, ihr seid festgenommen!“, riefen sie.

Hortensia und Zelia kreischten laut auf und ergriffen die Flucht.

Eine wilde Verfolgungsjagd durch Haus und Garten begann. Die Damen rannten um ihr Leben und ihre mutigen Tiere verteidigten sie nach Leibeskräften. Rabe Krix hackte mit seinem Schnabel auf die Verfolger ein, die Katzen schlugen ihnen ihre Krallen ins Gesicht, und Kröte Eulalia hopste ihnen so fest gegen die Knie, dass sie stolperten und hinfielen. Was für ein Tumult!

Plötzlich hörte man Hufgetrappel vor dem Haus.

„Rädda!“, schrie eine wohlbekannte Stimme, das heißt ‚Rettung‘ auf Schwedisch. So schnell ihre Beine sie trugen, liefen die beiden Frauen zur Gasse und erblickten Björn, der soeben mit einer Kutsche vorgefahren war.

Genau in dem Moment, als die Wachen aus dem Haus stürzten, um sie zu packen, sprangen die Damen in das rettende Gefährt. Björn schnalzte mit der Zunge und die Pferde preschten los.

Im Affenzahn raste die Kutsche einmal ums Häuschen herum, sammelte unterwegs die Tiere ein und bretterte dann die Alte Mainzer Gasse hinunter. Weiter ging es bis zum Mainufer, über die Brücke nach Sachsenhausen und bis in die tiefe Dreieich hinein, wo sie schließlich zum Stehen kam.

Endlich waren sie in Sicherheit. Hier konnte ihnen niemand mehr etwas anhaben. Erleichtert umarmten die Damen ihren Retter.

„Danke, Björn, du hast uns das Leben gerettet“, sprachen sie.

„Ehrensache!“, sagte Björn und grinste verschämt. „Ich habe mich nur für meine Heilung revanchiert. Ihr habt euch erbarmt und meine Wunde versorgt, obwohl ich zur feindlichen Besatzung gehöre. Dafür werde ich euch für immer und ewig dankbar sein.“

Er wendete die Kutsche, winkte ihnen zum Abschied und fuhr nach Frankfurt ins Truppenlager zurück.

Mutter und Tochter Nieswurz aber ließen sich mit ihren Haustieren in einer Hütte am Waldrand nieder. Sie legten einen neuen Kräutergarten an, spezialisierten sich auf Waldkräuter und Moorbäder und schon bald war ihre kleine Waldapotheke in der ganzen Dreieich bekannt.

Das Plätzchen an der Alten Mainzer Gasse wurde noch lange Jahre „Hexenplätzchen" genannt, aber Hexen hat es hier nie gegeben. Weder in Frankfurt noch anderswo.

Dennoch sind im 16. und 17. Jahrhundert auch in Hessen viele Frauen zu Unrecht als Hexen verurteilt, ins Gefängnis geworfen und auf dem Scheiterhaufen verbrannt worden, weil man sie beschuldigte, mit dem Teufel im Bunde zu sein.

Sie waren Sündenböcke für Naturkatastrophen, Missernten, Seuchen, Hunger und Kriege. Meistens traf es einfache Frauen aus dem Volk, zum Beispiel Mägde oder Hebammen, die sich gegen die Obrigkeit gar nicht wehren konnten.

Pieps der Fastnachtsspatz

Es war einmal ein kleiner Spatz. Er hörte auf den Namen Pieps und wohnte in einem kuscheligen Nest auf dem Treppengiebel über dem Kaiserbalkon am Römer. Viele seiner Vogelfreunde zogen in der kalten Jahreszeit nach Süden, um dort zu überwintern. Doch Pieps blieb wo er war, auf seinem geliebten Römer, denn niemals würde er sich das lustigste Fest seiner Heimatstadt entgehen lassen. Das war nämlich immer im Winter und Pieps freute sich jedes Jahr darauf. Fassenacht nannten es die Frankfurter.

An Fassenacht stand ganz Frankfurt Kopf und die Narren waren los. Überall spielte fröhliche Musik, die Leute zogen sich verrückte Kostüme an und liefen als Hexen, Piraten, Cowboys, Teufel, Clowns oder Zebras verkleidet durch die Straßen und feierten. Es war herrlich. Und alle riefen ständig „Helau!"

Wenn die tollen Tage an Weiberfastnacht losgingen, war Pieps bestens vorbereitet. Tief unten im Kellergeschoss seines Nests lagerte eine klitzekleine Narrenkappe. Die setzte er sich auf sein Vogelköpfchen. Dann tauchte er seinen Schnabel in ein altes Tintenfass mit knallroter Farbe, legte sich eine Luftschlange um den Hals und fertig war der Fastnachtsspatz. Stolz flatterte er in seinem Kostüm auf den Römer hinab und präsentierte sich.

„Schaut nur, ein Fastnachtsspatz!", riefen die Frankfurter Narren entzückt und zeigten auf das verkleidete Vögelchen, während der versammelten Vogelwelt Frankfurts vor Staunen die Schnäbel offen stehenblieben. „Eine Schande für unsere Zunft", dachten sie entsetzt. Doch Pieps war das piepsegal.

Weil der schräge Vogel sich so großer Beliebtheit erfreute, konnte er sich bei den Narren ordentlich durchfuttern. Alle wollten das kleine Spätzchen füttern und teilten ihre Leckereien mit ihm. Auf der Fressgass probierte er sich durch Kreppelkrümel und Handkäs, pickte an Weck und Wosch,

schlürfte ein bisschen Ebbelwei und musste aufpassen, dass er von all den Köstlichkeiten keine Bauchschmerzen bekam.

Am Fastnachtssamstag flog er zur Konstablerwache, flatterte dem Kinder-Fastnachtszug über die Zeil hinterher und schnappte sich beim Knollewerfen die Süßigkeiten direkt aus der Luft. „Helau!“, piepste Pieps dem Kinderprinzenpaar zu und erfreute sich an den vielen kleinen Tigern, Löwen, Krokodilen, Drachen, Einhörnern und Prinzessinnen. Oder er blieb oben in seinem Nest und genoss bei der Erstürmung des Römers die beste Aussicht auf das bunte Treiben und die Übergabe des riesigen goldenen Stadtschlüssels an das Prinzenpaar. Danach herrschten bis Fastnachtsdienstag seine Tollität der Fastnachtsprinz und ihre Lieblichkeit die Fastnachtsprinzessin über die Stadt.

Doch der Höhepunkt der Fassenacht war für das Spätzchen der große Frankfurter Fastnachtszug am Sonntag. Da fuhr Pieps sogar auf dem Prinzenwagen mit, thronte gemütlich oben auf der Prinzenkappe und lauschte den tausendfachen Helau-Rufen der jubelnden Menschenmenge rechts und links am Straßenrand. „Wie wunderbar!“, jubelte er vergnügt und streckte sein Schnäbelchen in den bunten Konfettiregen.

Pieps war wirklich und wahrhaftig der allergrößte Fan der Frankfurter Fassenacht. Er konnte einfach nicht genug bekommen von den vielen Bällen und Sitzungen, von den Umzügen mit ihren Fußgruppen und bunt geschmückten Motivwagen, von den Trommlern, den Gardemädchen und dem Riesenjubel der fröhlichen Narren. Also durfte unser Fastnachtsspatz natürlich auch in Heddernheim nicht fehlen, wo er seine Fassenacht mit dem berühmten Umzug durch Klaa Paris beendete, den Zugweg entlanghüpfte und sich fast heiser tschilpte, wenn er mit viel Tam-Tam und Tuff-Tää all die schönen Fastnachtslieder mitsang.

Und, siehe da, als er nach der ganzen Feierei und Narretei glückselig nach Hause flatterte, flog ihm doch tatsächlich die niedliche Spatzendame Lola über den Weg. Mit bunter Federboa und Krummschnabel hatte sie sich als Papagei verkleidet. Die zwei Vögelchen sahen einander an und wussten sofort, sie waren füreinander bestimmt! Lola zog zu Pieps ins Nest am Römer und sie feierten Vogelhochzeit. Von da an flatterten die beiden als Fastnachtsspatzenpärchen gemeinsam durchs Leben. So machte die Fassenacht doppelt soviel Spaß.

Frankfurt Helau!

Die Frankfurter Fastnachtszüge sind wohlbekannt. Mit seinen 4500 Teilnehmern und über 400 000 Zuschauern ist der große Frankfurter Fastnachtszug der größte Fastnachtsumzug in Hessen. Er ist über 4 Kilometer lang und führt vom Untermainkai durch die Frankfurter Innenstadt bis zum Römer.

Die Fassenacht, das Fest vor Beginn der Fastenzeit, hat in Frankfurt lange Tradition und geht mit Heddernheim auf das Jahr 1839 zurück. Wer Genaueres über die Fassenacht wissen möchte, der besuche das Frankfurter Fastnachtsmuseum im Titus-Forum oder das Fastnachtsmuseum von Klaa Paris im Heddernheimer Schloss.

Kleiner Tipp: Schaut bei der nächsten Fassenacht doch einmal genauer auf die Frankfurter Vogelwelt. Wer weiß, ob ihr nicht ein verkleidetes Spatzenpärchen entdeckt.

Goldregen im Ulrichstein

Lotta und Lena waren zwei eigenwillige Frankfurter Zwillingsschwestern mit dunklen Augen und ebenso dunklen Wuschelköpfen. Und nichts liebten die beiden mehr als Abenteuer! Jedes Wochenende verbrachten die Mädchen auf dem Hof ihrer Großmutter in Sachsenhausen und sie freuten sich die ganze Woche darauf. Ihre Großmutter war nämlich eine ganz besondere Frau. Sie machte die beste Grüne Soße der Welt, den zweitbesten Frankfurter Kranz (nach dem ihrer Mutter) und erzählte ihren Enkeltöchtern jedes Wochenende die tollsten Abenteuergeschichten aus ihrer Jugend.

Eines Samstags nach dem Abendessen erzählte die Großmutter den beiden die Geschichte vom alten Goldmacher im Ulrichstein: „Als ich Kind war", begann sie, „da lebte in dem alten Turm am Sachsenhäuser Ufer ein wunderlicher Mann, von dem man sagte, er könne aus Eisen Gold machen. Niemand wusste, wie er das anstellte, doch es hieß, dass er mit dem Teufel paktiert habe, der ihm das Geheimnis des Goldmachens im Tausch gegen seine Seele verraten habe. Im Laufe der Zeit soll er einen unermesslichen Goldschatz angehäuft haben, den er im Kellergewölbe des Turms in einer großen Truhe aufbewahrte."

Sofort waren die Zwillinge Feuer und Flamme. „Meinst du den Ulrichstein, Großmama? Den verfallenen Turm am Ende der Färberstraße?", fragte Lotta aufgeregt. „Genau den meine ich", antwortete die Großmutter und fuhr fort: „Irgendwann forderte der Teufel seinen Tribut und kam den alten Mann holen. Seinen Schatz musste er zurücklassen. Es heißt, er sei immer noch dort unten."

Begeistert sahen Lotta und Lena einander an. Ihr sonntägliches Abenteuer würde eine Schatzsuche sein, das stand felsenfest! „Aber", sprach die Großmutter und bedachte ihre beiden Racker mit einem warnenden Blick, „man sagt, das Gold würde von Geistern und einem zotteligen, schwarzen Höllenhund bewacht. Zudem soll das Schloss der Truhe mit einem Spezialzauber gesichert und nur mithilfe eines besonderen Kräutleins zu öffnen sein. Wenn ich mich nur erinnern könnte, wie das Kräutlein heißt", ergänzte die Großmutter nachdenklich. Sie schmunzelte und winkte ab. „Na ja, an der alten Geschichte ist sowieso nichts dran. Niemand kann aus Eisen Gold machen. Aber wenn ich mich recht entsinne", fügte sie hinzu, „müsste ich den Namen des Kräutleins in meinem alten Tagebuch eingetragen haben. Wartet, ich gehe es holen."

Als die Großmutter zurückkam, hielt sie ein abgegriffenes Büchlein in der Hand. Sie setzte sich und blätterte darin, bis sie auf die verblasste Zeichnung einer Krautpflanze mit gelben Blüten stieß. *Echtes Johanniskraut, Hypericum oder auch Herrgottsblut genannt (öffnet die Schatztruhe)*, stand in Kinderschrift darunter.

„Ach ja, Johanniskraut war das. Gar nicht so außergewöhnlich", sagte die Großmutter. „Das wächst doch sogar hinten auf meiner Kuhweide. Aber Schluss jetzt mit den alten Geschichten. Es ist schon spät. Ab ins Bett mit euch!"

Am Sonntagmorgen packten die Mädchen in aller Herrgottsfrühe Wurstbrote und Wasserflaschen in ihre Rucksäcke und nahmen eine Laterne und zwei leere Säcke mit, in denen sie das Gold verstauen wollten. Bevor sie zum Mainufer loszogen, machten sie noch einen Abstecher auf Großmutters

Kuhweide. Angestrengt inspizierten sie jede gelbe Blüte, die ihnen zwischen Gräsern und Unkraut in die Hände fiel. „Butterblume, Löwenzahn....Schau mal, hier ist ein Büschel Johanniskraut“, rief Lena schließlich triumphierend und hielt ein Pflänzchen mit vielen gelben Blüten in die Höhe.

Vorsichtig wickelten sie das Johanniskraut in ein Taschentuch und machten sich auf den Weg zum Ulrichstein. Dort angekommen, stiegen sie den Aufgang hoch zur morschen Eingangstür. Sie quietschte laut, als die Mädchen sie öffneten. Sie betraten das Treppenhaus, entzündeten die Laterne und schauten sich im unteren Turmgeschoss um. Ein paar Steine und Bretter lagen herum und eine kleine Maus verschwand erschrocken in einer Mauernische. Sonst war nichts zu sehen. „Im Kellergewölbe, hat Großmama gesagt“, erinnerte sich Lotta und leuchtete die verfallene Wendeltreppe hinunter.

Langsam und mit angehaltenem Atem stiegen die Schwestern in den dunklen Keller hinab. Vorsichtig setzten sie einen Fuß vor den anderen.

„Hilfe!“, schrie Lotta plötzlich. Fast wäre sie in ein tiefes Wasserloch gefallen, das sich unversehens am Ende der Treppe aufgetan hatte. Resigniert schüttelte Lotta den Kopf: „Nie im Leben kommen wir da rüber.“

„Warte, ich habe eine Idee“, sagte Lena. Schnell lief sie die Treppe wieder hoch und holte ein stabiles Brett aus dem oberen Raum. Wie eine Brücke legten die Mädchen das Brett über das Wasserloch und balancierten vorsichtig auf die andere Seite. Dort begann ein niedriger, stockfinsterer

Gang, durch den sie nur krabbeln konnten. Unheimliches Zischen drang an ihre Ohren, als sie am Ende des Ganges einen schwach erleuchteten Raum erreichten. Sie standen auf, klopften sich den Schmutz von den Knien und trauten ihren Augen nicht. Hin und her zischende Lichter umschwirrten ihre Köpfe. Als sie genauer hinschauten, erkannten sie kleine, flirrende Gespenster, die immer wieder auf sie zurasten und versuchten, sie zu vertreiben.

Doch die mutigen Schwestern ließen sich nicht beirren. Mit der Laterne voran tappten sie weiter durch den Raum auf eine schwere Eisentür zu. Mit vereinten Kräften drückten sie die verrostete Klinke herunter, bis die Tür schließlich aufsprang.

Durchdringender Schwefelgeruch lag in dem düsteren Gewölbe dahinter und ein dämonisches Knurren war zu hören. Da war er, der grausige Höllenhund, von dem die Großmutter erzählt hatte, pechschwarz und zottelig. Angsteinflößend stand er vor einer großen Holztruhe, knurrte bedrohlich und starrte die Zwillinge mit seinen glühenden Augen an. Langsam kam er auf sie zu, bleckte seine Zähne und setzte zum Sprung an.

„Jetzt ist es aus mit uns“, wimmerte Lena. Doch Lotta öffnete geistesgegenwärtig ihren Rucksack, holte eines ihrer Wurstbrote heraus, brach ein Stück ab und warf es dem gefährlichen Untier hin. Hungrig stürzte es sich darauf und verschlang es.

„Gute Idee, Lotta!“, sagte Lena. Schnell brachen sie alle Brote in Stücke und legten eine Spur durch den Gang zurück bis zum Wasserloch. Gierig stürzte sich der Höllenhund darauf und fraß sich Stück für Stück durch die Brotspur. Kurz darauf hörten sie ein Platschen, gefolgt von einem Jaulen, als der teuflische Hund in das Wasserloch fiel.

„Puuh, geschafft!“, rief Lotta erleichtert. Entschlossen ging sie in das Gewölbe hinein, wickelte das Johanniskraut aus dem Taschentuch und strich damit über das Schloss der Truhe. Es gab einen Riesenknall, das Schloss sprang auf und der Deckel klappte hoch. Durch den Schwung

wurden Tausende von Goldmünzen an die Decke des Gewölbes geschleudert und fielen wie goldene Regentropfen auf die beiden Mädchen herab. „Hurra!" riefen die Zwillinge. Wild und übermütig vor Freude hüpften sie durch den Goldregen. Dann nahmen sie ihre Säcke und sammelten den Schatz Münze für Münze hinein.

Schwer beladen und laut singend trugen die Schwestern ihre klimpernde Last zum Hof der Großmutter. Den braven Sachsenhäusern fielen fast die Augen aus dem Kopf, als sie am heiligen Sonntag auf ihrem Kirchgang zwei völlig verdreckten Zwillingsschwestern begegneten, die schwere Säcke geschultert hatten und lauthals Piratenlieder sangen. Die Großmutter jedoch war heilfroh, als sie die beiden sah und schwer beeindruckt, als die Mädchen in der Scheune ihre Säcke ausleerten. Von da an lagerte in Großmutters Scheune nicht nur ein Haufen Stroh, sondern auch ein Haufen echtes Gold. Und wie ihr euch denken könnt, freuten sich die Zwillinge jeden Tag aufs Neue darüber, dass sie die tolle Idee gehabt hatten, im Ulrichstein auf Schatzsuche zu gehen. Goldrichtig war das, fanden sie.

Jahrhundertelang stand der Ulrichstein als verfallener Turm am Sachsenhäuser Ufer. Er war ein Turm der mittelalterlichen Stadtmauer, als Sachsenhausen schon zu Frankfurt gehörte. Dort, wo heute die Färberstraße auf den Schaumainkai trifft, markiert ein weißer Kreis mitten auf der Straße die Umrisse des damaligen Ulrichsteins, der im Jahr 1930 abgerissen wurde. Ob dort jemals ein Schatz versteckt war, weiß man nicht. Aber eines weiß man ganz genau: Niemand auf der ganzen Welt kann aus Eisen Gold machen.

Die Frankfurter Bauernhochzeit

Kaiser Joseph der Zweite, der mit vollem Namen Joseph Benedikt August Johann Anton Michael Adam von Habsburg hieß, war ein aufgeklärter und einfacher Mann mit scharfem Verstand. Gar nicht so, wie man sich den Kaiser eines großen Reiches gemeinhin vorstellte. Und groß war sein Reich, das konnte man mit Fug und Recht sagen. Viele Länder gehörten dazu und man nannte es das Heilige Römische Reich Deutscher Nation.

Pomp und Etikette waren Kaiser Joseph ein Gräuel. Schlösser, Gold und Geschmeide, Pelze und Edelsteine, und was ein Kaiser sonst noch so braucht, waren ihm wurscht.

Er war ein moderner Herrscher, verabscheute das ganze höfische Getue, brauchte keinen Hofstaat und keine Dienerschar. Selbst die prunkvollen Bälle mochte er nicht, dabei war er ein ganz hervorragender Tänzer. Und am liebsten aß er Frankfurter Würstchen.

Ob Bettler oder Edelmann, Kaiser Joseph behandelte alle seine Untertanen gleich und war freundlich zu jedermann. Er wollte, dass sein Volk glücklich und zufrieden war. Deswegen führte er auch keine Kriege, die die Menschen traurig machten. Ein ganz netter Kaiser, könnte man also sagen.

Kaiser Joseph liebte Frankfurt und erinnerte sich immer gerne an sein dortiges Krönungsfest zurück. Daran, wie herzlich die Frankfurter ihn empfangen hatten, und wie er, vom Volk bejubelt, die Stufen zum Römerberg emporgestiegen war zum festlichen Krönungsessen im Kaisersaal des Römers.

Einen ganzen, gegrillten Ochsen hatte man ihm zu Ehren dort serviert – den traditionellen Krönungsochsen. Damals waren Frankfurt und seine Bewohner ihm so richtig ans Herz gewachsen.

Immer wenn die Sehnsucht nach seiner alten Krönungsstadt ihn plagte, machte Kaiser Joseph einen Ausflug nach Frankfurt. Natürlich reiste er dann unter falschem Namen, denn er wollte auf keinen Fall als Kaiser erkannt werden.

Unter das Volk mischen wollte er sich. Seine Untertanen wollte er kennenlernen, über Gutes und Schlechtes im Reich mit ihnen sprechen, vor allem aber über Verbesserungen. Mit ihnen Feste feiern, essen, trinken, tanzen und Würfelspiele spielen. Kurzum, er wollte ein wahrer Freund der einfachen Menschen sein.

So kam es, dass er nach einem Besuch in den Niederlanden als einfacher Landgraf verkleidet in seine schlichteste Kutsche stieg und unter dem Namen Graf von Falkenstein nach Frankfurt reiste. Dort wollte er sich ein paar Tage ausruhen und schauen, was seine lieben Frankfurter so trieben, bevor er schließlich zurückreiste nach Wien, wo er zu Hause war.

Es war ein ziemlich weiter und beschwerlicher Weg. Ganze fünf Tage hatte er nun schon in der Kutsche gesessen, war über unwegsame Feldwege und matschige Waldpfade gerumpelt und vollkommen durchgeschüttelt. Sein Hintern tat ihm weh und vom ständigen Picknicken hatte er die Nase gestrichen voll. Immer nur Butterbrote und kaltes Hähnchen in der schaukelnden Kutsche. Er sehnte sich nach einem vernünftigen Essen und träumte von Frankfurter Würstchen.

Als die Kutsche kurz vor Frankfurt an einem Gasthaus vorbeifuhr, beschloss der Kaiser, eine Rast einzulegen, und klopfte mit seinem Gehstock an die Kutschenwand: „He, Kutscher, anhalten, wir kehren ein!“, rief er und rückte seine Perücke zurecht.

Die Kutsche hielt vor dem Gasthaus an und Kaiser Joseph stieg aus. Ungelenk machte er ein paar Kniebeugen, denn seine Glieder waren ziemlich eingerostet nach der langen Reise.

Fröhliche Tanzmusik drang aus dem Wirtshaus, lauter Gesang und rhythmisches Klatschen. Er klopfte sich den Reisestaub von seinen Kleidern und trat schwungvoll ein.

Die Wirtsstube war voller Menschen und es wurde wild und ausgelassen getanzt. „Werter Herr," rief der Wirt mit lauter Stimme in seine Richtung, und versuchte, den Lärm zu übertönen. „Es tut mir leid, aber heute können wir keine Gäste mehr bewirten. Wir feiern nämlich eine Bauernhochzeit."

„Oh, da will ich gewiss nicht stören, Herr Wirt," entgegnete der Kaiser. „Graf von Falkenstein, mein Name", stellte er sich mit seinem falschen Namen vor und schaute den Wirt bittend an: „Aber würdet Ihr in meinem Fall vielleicht eine Ausnahme machen? Ich bin seit Tagen unterwegs, habe großen Hunger und brauche dringend eine Rast."

In dem Moment kam das Brautpaar an Kaiser Joseph vorbeigetanzt. Der Bräutigam hatte die Hemdsärmel hochgekrempelt und der Schleier der Braut war verrutscht. Beide hatten rote Wangen vom Tanz. Außer Atem blieben sie stehen.

„Herr Graf, Herr Graf," keuchte der Bräutigam und klopfte dem Kaiser auf die Schulter. „Erweist uns die Ehre und seid unser Gast. Bedient euch an Speis und Trank. Heute wird gefeiert und nicht gespart!"

Dann umfasste er wieder seine hübsche Braut und tanzte mit ihr bis ans andere Ende der Stube.

Freudig überrascht tat der Kaiser wie ihm geheißen und setzte sich an den Tisch zu den Eltern der Braut. Sofort wurde ihm eine große Portion Frankfurter Würstchen mit Kartoffelsalat aufgetischt. Dazu gab es frisch gebackenes Brot und ein kühles Glas Bier.

„Kein üppiges Hochzeitsmahl", dachte er bei sich, „aber genau nach meinem Geschmack!"

Hungrig machte er sich über seine Leibspeise her.

Als er da so saß und aß, hörte der Kaiser die Bauersleut' reden.

„Schau nur, wie sie tanzen und wie fröhlich sie noch sind. Gleich morgen nach dem Aufwachen werden sie so arm sein wie die Kirchenmäuse", sprach der Brautvater, „und werden fortan als Bettler leben müssen."

Verzweifelt schlug er die Hände vors Gesicht.

„Welch ein Irrsinn, das ganze Vermögen für eine Hochzeit zu verschwenden!“, seufzte die Brautmutter kopfschüttelnd. „Wie sollen sie jemals ihre Schulden bezahlen?“

Voller Sorge sahen die Brauteltern dem ausgelassenen Treiben zu. Die Hochzeitsfeier war in vollem Gange, die Stimmung auf dem Höhepunkt.

Kaum hatte der Kaiser sein Mahl beendet, holte ein keckes Bauernmädel ihn zum Tanz. Und so kam es, dass der falsche Graf Runde um Runde durch den Tanzsaal des Wirtshauses drehte. Stundenlang tanzte und sang er mit der Hochzeitsgesellschaft und trank auf das Wohl der Brautleute.

„Max und Mia, sie leben hoch, hoch, hoch!“, riefen die Hochzeitsgäste und feierten bis tief in die Nacht hinein. Der Kaiser amüsierte sich königlich, oder sollte man besser sagen kaiserlich?

Als es an der Zeit war, zu seiner Herberge zu fahren, bat der gut gelaunte Kaiser Joseph den Wirt um Schreibzeug, setzte sich damit an seinen Platz am Tisch und schrieb etwas auf ein Papier. Dann deponierte er das Blatt auf dem Tisch mit den Hochzeitsgeschenken, verabschiedete sich herzlich von den Brautleuten und ihren Gästen und verließ das Wirtshaus.

„Eine Dankeskarte mit den besten Wünschen für das Brautpaar“, vermuteten die Gäste, „was sollte der Herr Graf sonst schon schreiben?“

Aber weit gefehlt! Als Max und Mia an den Tisch traten, um den Gruß des Grafen von Falkenstein in Augenschein zu nehmen, trauten sie ihren Augen nicht. Kein Dankesbrief lag da auf dem Tisch, sondern eine Anweisung an ein Frankfurter Bankhaus von sage und schreibe 600 Talern, auszuzahlen an das Brautpaar Max und Mia. So unermesslich viel Geld hatte der fremde Graf ihnen zur Hochzeit geschenkt, dass sie damit nicht nur ihre Schulden bezahlen, sondern sich auch einen schönen Bauernhof mit ertragreichen

Feldern kaufen konnten, der ihnen ein glückliches und sorgenfreies Leben bescherte.

Der falsche Graf indes saß in seiner Kutsche und rumpelte zufrieden zu seiner Frankfurter Herberge. Wie großzügig war er doch eingeladen worden! Und so schön gefeiert hatte er schon lange nicht mehr!

„Was sind die Frankfurter doch für ein herzliches und fröhliches Völkchen," dachte er, schloss seine Augen und schlief selig ein.

Kaiser Joseph der Zweite wurde im Jahr 1765 im Frankfurter Kaiserdom St. Bartholomäus gekrönt. Er war ein sehr volksnaher Herrscher und hat gerne mit seinen Untertanen geredet und gefeiert. Leider wurde er nur 48 Jahre alt.

Schaut euch den Kaiserdom einmal genau an. Seine Adresse lautet Domplatz 1. Vor über 700 Jahren hat man ihn aus rotem Mainsandstein gebaut. Sein Turm ist fast 95 Meter hoch. Ganze 328 Stufen führen nach oben zur Aussichtsplattform in 66 Metern Höhe. Jeder sollte einmal auf den Turm steigen und die tolle Aussicht auf den Römer, die Altstadt und die Skyline von Mainhattan genießen.

Im Turm hängt übrigens die zweitschwerste Glocke Deutschlands. Sie heißt Gloriosa und ist fast 12 000 Kilogramm schwer.

Das blaue Flämmchen

Man schrieb das Jahr 1635 und in Frankfurt herrschten schlimme Zeiten. Die Pest war ausgebrochen. Jeder, der sich an der schrecklichen Krankheit ansteckte, starb unweigerlich und das schon nach wenigen Tagen. Niemand wusste, woher die todbringende Seuche kam, und keine Medizin auf der Welt konnte sie heilen. Sie begann wie eine harmlose Erkältung mit Niesanfällen, Fieber und Gliederschmerzen. Doch bald bekamen die Menschen schwarze Beulen am ganzen Körper und starben daran. Außerdem war die Pest hochansteckend und wurde rasch von einem Menschen auf den nächsten übertragen. Es war schauderhaft!

Nachbarskinder durften nicht mehr miteinander spielen, Freunde und Familien einander nicht mehr besuchen. All das aus Angst, dass sich noch mehr Menschen an der Pest ansteckten. Die Frankfurter blieben allesamt zu Hause, um ihr Leben und das ihrer Kinder zu schützen.

Zu jener Zeit lebte in der Bendergasse ein schlauer kleiner Junge namens Benno. Er war zwar klein, aber oho! Und er traute sich was. Vor allem aber hatte Benno die Nase gestrichen voll von der Pest.

„Mir ist so langweilig", beschwerte er sich bei seiner Mutter. „Den ganzen Tag sitze ich zu Hause herum, darf meine Freunde nicht sehen und nicht mehr draußen spielen. Wenn das so weitergeht, sterbe ich nicht an der Pest, sondern an Einsamkeit!"

Da plötzlich kam ihm ein Geistesblitz: „Und wenn ich einfach nachts spielen gehe, wenn niemand unterwegs ist?", dachte er bei sich. „Dann könnte ich frische Luft schnappen und bei meinen Freunden ans Fenster klopfen, damit wir uns wenigstens einmal zuwinken können." „Guter Plan!", befand Benno. Schon in der nächsten Nacht wollte er ihn in die Tat umsetzen.

Als die Stadt in tiefem Schlummer lag, kletterte Benno heimlich aus seinem Fenster und spazierte durch die dunklen Gassen. Frankfurt bei Nacht. Keine Menschenseele war auf der Straße und kein Laut war zu hören außer dem Widerhall seiner Schritte auf dem Kopfsteinpflaster, dem klagenden Miauen einer Katze und dem nervösen Fiepen der Ratten im Rinnstein.

Kreuz und quer lief Benno durch sein Viertel und absolvierte seine Fensterbesuche. Beim Hannes aus der Seilergasse, beim Rudi mit den roten Haaren, beim langen Leo und beim wilden Willi in der Leinwebergasse klopfte er. Die Jungs staunten, als sie schlaftrunken ihre Gardinen aufzogen und ihren Freund Benno mitten in der Nacht vor dem Fenster entdeckten. Überglücklich winkten die Freunde einander zu und machten Faxen.

Pfeifend setzte Benno seinen Streifzug fort. Er war bester Laune. Doch als er in die Krämergasse abbog, war ihm plötzlich, als ob ein blauer Blitz über ihn hinwegzuckte. Verdutzt schaute er nach oben und entdeckte ein kleines blaues Flämmchen, das wie ein Irrlicht von Haus zu Haus hüpfte. Es tänzelte jeweils einen kurzen Moment auf dem Dach eines Hauses und sprang dann quer über die Straße aufs nächste Dach, doch Feuer entfachte es keines.

„Merkwürdiges Ding“, dachte Benno. „Vielleicht ein blaues Glühwürmchen oder eine verrückt gewordene Sternschnuppe?“ Und so taperten die beiden weiter durch die Krämergasse. Der kleine Benno unten auf der Straße und das blaue Flämmchen oben auf den Dächern.

Als er schließlich am Samstagsberg abbog, um zurück nach Hause zu gehen, stand plötzlich ein schwarzer Riese vor ihm. Benno fuhr der Schreck in die Glieder. Die düstere Gestalt war in eine Kutte aus Sackleinen gehüllt, hatte die Kapuze tief ins Gesicht gezogen und schwang ein Rauchgefäß, aus dem graue Nebelschwaden stiegen. Dabei murmelte der Fremde immer wieder eine geheimnisvolle Beschwörungsformel:

„Pestilentiam expellemus! Hinfort mit dir, du grausige Pest! Pestilentiam expellemus! Auf dass du uns für immer verlässt!“

Benno gefror das Blut in den Adern. Er zitterte am ganzen Leib vor Angst. Doch dann nahm er all seinen Mut zusammen und ging geradewegs auf den Riesen zu: „Guten Abend, Fremder. Wer seid Ihr und was tut Ihr da?“, fragte er ihn argwöhnisch.

Der Fremde schaute ihn aus klugen schwarzen Augen an. Er hatte einen langen, weißen Bart und sah aus wie ein Gelehrter. „Guten Abend, mein Junge“, begrüßte er ihn freundlich. „Ich bin Theophilus, Heilkundiger aus fernen Landen. Ich verbrenne Weihrauch und reinige damit die Luft. Das hilft gegen die Pest. Und was machst du so spät nachts hier draußen? Du darfst doch gar nicht aus dem Haus in diesen Zeiten.“

„Der Benno aus der Bendergasse bin ich", stellte Benno sich vor. „Und ich bin extra nachts unterwegs, weil ich bei meinen Freunden Fensterbesuche gemacht habe. Das ist sicherer, weil wir uns durchs Fenster nicht anstecken können", erklärte er dem seltsamen Fremden. „Und außer Euch, Theophilus, ist heute Nacht sowieso kein Mensch auf der Straße."

„Ich habe eine Mission, Benno", sprach da der Heilkundige. „Ich bin auf der Suche nach dem kleinen blauen Pestflämmchen. Ist es dir zufällig begegnet? Es irrlichtert von Haus zu Haus und ist der Vorbote der Pest. Wem es bei Nacht aufs Dach springt, dem jagt es bei Tag die Pest ins Haus, und alle Bewohner sterben an der Seuche. Ich muss es unbedingt einfangen und sicher wegsperren, damit es keinen Schaden mehr anrichten kann."

Benno war mit einem Schlag hellwach. „Ja, gerade eben in der Krämergasse, direkt hier um die Ecke, da habe ich ein blaues Flämmchen auf den Dächern gesehen", antwortete er aufgeregt.
„Willst du mir helfen, es zu fangen, Benno? Vielleicht können wir so die Pest besiegen", fragte Theophilus.
„Auf jeden Fall!", gab Benno entschlossen zurück.
„Los, mein Junge, zeig mir, wo du es gesehen hast! Wir haben keine Zeit zu verlieren!"

Da lief der kleine Benno los und der riesenhafte Theophilus hinter ihm her bis in die Krämergasse. Außer Atem blieben sie stehen und blickten suchend über die Dächer. Kein einziges blaues Lichtlein weit und breit. Doch als sie sich gerade auf den Rückweg machen wollten, glomm ein blaues Flackern hinter dem Schornstein des letzten Hauses in der Gasse auf.

„Nichts wie hin!", rief Theophilus und die beiden liefen bis ans Ende der Gasse. Theophilus zog ein Kästchen aus der Tasche und reichte es Benno. „Hier, nimm mein leeres Weihrauchkästchen. Klettere hoch aufs Dach, öffne es und stelle es neben den Schornstein. Pestflämmchen sind von Natur aus neugierig. Mit etwas Glück nähert es sich dem wohlriechenden Kästchen und hüpft hinein. Dann haben wir es."

Eifrig kletterte Benno an der Dachrinne hoch bis aufs Dach des Hauses. Vorsichtig robbte er bis zum Schornstein und stellte das geöffnete Kästchen daneben. Dann zog er sich ans andere Ende des Daches zurück und wartete. Und siehe da, nach ein paar Minuten näherte sich das neugierige Flämmchen. Es tänzelte einmal um das Kästchen herum, sprang hoch und drehte sich dabei wie ein Wirbelwind, um dann mitten in dem Kästchen zu landen. „Mach schnell den Deckel zu, Benno!", rief Theophilus von unten.

Benno krabbelte schnell heran, klappte den Deckel des Kästchens zu und verschloss den Riegel. Das Pestflämmchen saß in der Falle.

Nachdem Benno mit dem Kästchen wieder heruntergeklettert war, sprach Theophilus: „Damit ist meine Mission in Frankfurt erfüllt. Nun ziehe ich weiter in die nächste Stadt, um auch dort die Pest zu vertreiben. Dir, Benno, vertraue ich das Kästchen an. Hüte dich, es zu öffnen, und vergrabe es an einem Ort, an dem es niemals gefunden wird, damit die Pest nicht wieder ausbrechen kann."

Anerkennend legte er dem Jungen die Hand auf die Schulter und sah ihm tief in die Augen. „Ich danke dir für deine Hilfe, du bist wahrlich ein mutiger kleiner Kerl und wirst es noch weit bringen."

„Danke, lieber Theophilus, dass ich dir bei deiner wichtigen Mission helfen durfte. Es war mir eine Ehre!", sagte Benno stolz. Dann drehte sein neuer Freund sich um und verschwand in Richtung Stadttor.

Da stand Benno nun mit dem Kästchen in der Hand und wusste nicht wohin damit. Plötzlich kam ihm ein verwegener Gedanke: „In die Stadtmauer müsste man es einmauern. Dort wäre es sicher. Aber das schaffe ich nicht allein. Dabei brauche ich Hilfe."

Und so lief er los und weckte seine Freunde, zum zweiten Mal in dieser Nacht. Mit Spitzhacken, Maurerkellen und einem Eimer Mörtel zogen der Hannes aus der Seilergasse, der Rudi mit den roten Haaren, der lange Leo, der wilde Willi aus der Leinwebergasse und der kleine Benno zur Stadtmauer, schlugen mehrere Steine heraus und schoben das Kästchen tief in die Mauer. Dann rührten sie den Mörtel an und mauerten das Versteck mit den herausgeschlagenen Steinen wieder ordentlich zu. Sie schworen einander, niemals ein Sterbenswörtchen über das Versteck zu verraten, liefen nach Hause und fielen todmüde in ihre Betten. Was für ein Abenteuer!

Am nächsten Tag wurden die letzten Pestfälle in der Krämergasse gemeldet. Dann war es mit der Seuche in Frankfurt ein für alle Mal vorbei. Niemand sollte je erfahren, wer die Pest aus der Stadt vertrieben hatte. Und das Kästchen blieb verschwunden – bis zum heutigen Tag.

In der Bendergasse 26 gab es früher ein Hinterhaus, das Pesthaus genannt wurde, weil dort im Jahr 1349 erstmals in Frankfurt die Pest ausgebrochen sein soll.

Die Pest war die schlimmste Pandemie des Mittelalters. In Europa forderte sie zwanzig Millionen Tote. Die Pestepidemie des Jahres 1635 löschte ein Drittel der Frankfurter Bevölkerung aus. Über 6500 Menschen starben an der Seuche. Niemand wusste, dass die Flöhe der Ratten die Krankheit auf die Menschen übertrugen, und es gab keine Medizin dagegen.

Blaue Flämmchen, die die Ansteckung ankündigten, hat es nie gegeben. Sie sind reiner Aberglaube. Aber die Reinigung der Luft durch das Verbrennen von Weihrauch und anderen Harzen, Sauberkeit und Hygiene besserten die Lage. Dank moderner Forschung und Medikamenten, ist die Pest in Europa heute zum Glück ausgestorben.

Lumpenritter

Im Jahr 1471 veranstaltete seine Hoheit Pfalzgraf Friedrich der Siegreiche auf dem Frankfurter Roßmarkt ein großes Ritterturnier. Der Roßmarkt war damals ein riesiges Feld außerhalb der Stadtmauer, wo normalerweise Pferde verkauft wurden. Allerdings nicht an diesem denkwürdigen Sonntag vor über 500 Jahren.

Von nah und fern war alles angereist, was Rang und Namen hatte, um den tapferen Rittern beim Turnier zuzuschauen. Erwartungsvoll saß die ganze feine Bagage rund um den Platz auf den Tribünen: Prinzen mit ihren Prinzessinnen, Edelmänner mit ihren Edelfrauen, Fürsten mit ihren Fürstinnen, Grafen mit ihren Gräfinnen und natürlich auch Ritter mit ihren Burgfräulein. Keiner der hohen Herrschaften durfte bei dem Spektakel fehlen. Adel verpflichtet!

Die Frankfurter hatten ihren Roßmarkt so richtig herausgeputzt. Alle Achtung! Blumenkränze und farbenfrohe Girlanden hingen über der Menge. Flaggen flatterten an hohen Stangen. Die hochwohlgeborenen Zuschauer auf den Rängen und selbst diejenigen, die sich nur einen Stehplatz leisten konnten, hatten ihre prachtvollsten Gewänder angezogen und trugen ihre schönsten Hüte. Eine Kapelle spielte und die Kinder schwenkten Fähnchen in ihren Händen. So bot der Roßmarkt ein herrlich buntes und festliches Bild.

„Tätääá!"

Laut erklangen die Fanfaren und die pfalzgräflichen Ritter in ihren glänzenden Rüstungen ritten auf ihren edlen Pferden auf den Turnierplatz. Prächtige Federbüsche flatterten auf ihren blank gewienerten Helmen und ihre Schilde schimmerten farbenfroh in der Sonne. Das Fell ihrer Turnierpferde war glänzend gestriegelt. Jedes von ihnen trug eine Pferdedecke aus

Samt mit dem Wappen seines Reiters. In einer langen Reihe nahmen die Ritter Aufstellung vor der Loge, in dem der Pfalzgraf mit seiner Pfalzgräfin saß, verneigten sich ehrerbietig und präsentierten den Hoheiten ihre Lanzen.

Feierlich erhob sich Pfalzgraf Friedrich: „Hiermit erkläre ich die Ritterspiele für eröffnet“, rief er laut in die Runde.

Bei diesen Worten teilte sich die Ritterschar. Die Hälfte von ihnen ritt zum einen, die andere Hälfte zum anderen Ende des Platzes. Dazwischen waren die beiden Bahnen der Turnierstrecke abgesteckt. Pro Runde gab es jeweils zwei Gegner. Jeder von beiden hatte seine eigene Bahn, in der er in vollem Galopp und mit nach vorne gestreckter Lanze auf den anderen zuritt.

Die Lanzen waren natürlich stumpf, denn der Gegner sollte nicht getötet oder verletzt, sondern nur vom Pferd in den Sand gestoßen werden. Einer nach dem anderen würden sie gegeneinander antreten, bis nur noch ein einziger von ihnen auf seinem Pferd saß. Und der war dann am Ende der glorreiche Sieger.

Die ersten beiden Ritter gingen in Startposition, klappten die Visiere herunter und ergriffen ihre Lanzen. Spannung lag in der Luft. Jeden Moment würde es losgehen.

Plötzlich schrillte ein fieses Quietschen über den Roßmarkt und man hörte ein hinkendes Hufgetrappel. Die Zuschauer drehten die Köpfe und trauten ihren Augen nicht.

Umgeben von einer gigantischen Staubwolke trappelte ein zerlumpter Ritter auf einer völlig verdreckten Schindmähre auf den Turnierplatz. Fliegen umschwirrten den stinkenden Gaul mit seiner mottenzerfressenen Satteldecke. Die rostige Rüstung der eisernen Schreckensgestalt schepperte und die Scharniere des klapprigen Gestells quietschten bei jeder Bewegung. Der Federbusch auf seinem Helm war wild zerzaust und sein Schild war so verschmiert, dass sein Wappen nicht mehr zu erkennen war.

Gemächlich trottete der Klappergaul mit seinem ramponierten Rittersmann vor die Loge. Die Pfalzgrafen waren starr vor Entsetzen und hielten sich die vornehmen Nasen zu. Der verlotterte Unbekannte verbeugte sich stumm und reihte sich dann hinter den anderen Rittern ein. Ein Raunen ging durch die Menge. Wollte dieser vergammelte Lumpenritter etwa am großen Frankfurter Ritterturnier teilnehmen?

Da ertönten erneut die Fanfaren. Die ersten beiden Ritter gaben ihren Pferden die Sporen und ritten mit erhobenen Lanzen aufeinander zu. Pardauz! Gleich mit dem ersten Lanzenstoß landete der erste Ritter im weichen Sand. Die Menge jubelte. Laut feuerten sie den Sieger an, der gleich darauf gegen den nächsten Gegner antrat und schließlich selbst im Sand lag. So purzelte im Verlauf des Nachmittags ein Ritter nach dem anderen vom Pferd...bis nur noch der ehrenwerte Ritter Roderich übrig war.

Roderich war bekannt für seine zahlreichen Turniersiege. Nun würde er gegen den allerletzten Kandidaten im Kampf antreten. Und zwar ausgerechnet gegen den abgewrackten Lumpenritter. Siegessicher lächelte Ritter Roderich unter seinem Helm.

„Diese verrostete Schießbudenfigur werde ich doch im Handumdrehen besiegen", dachte er bei sich.

Der Lumpenritter jedoch zeigte kein bisschen Angst vor seinem starken Gegner. Scheppernd ritt er zum Startpunkt seiner Bahn und bot dabei ein erbärmliches Bild. Er sah aus wie ein einziger Schrotthaufen.

„Buh!", rief das Publikum und machte sich bereit für die letzte Runde.

Pünktlich zum Fanfarenklang gaben beide Ritter ihren Pferden die Sporen, preschten mit erhobenen Lanzen aufeinander zu, kamen sich näher und näher, zielten, stießen kräftig zu...und...verfehlten einander nur um Haaresbreite. Die Zuschauer stöhnten auf.

Auch in der nächsten Runde landete keiner der beiden einen Treffer. In der dritten und vierten Runde ebenso wenig. So langsam verlor das Publikum die Geduld. Das laute Gequietsche des Lumpenritters war unerträglich und tat ihnen in den Ohren weh. Die schmutzig weißen Federn hatten sich aus seinem Federbusch gelöst und wirbelten über den ganzen Platz wie ein Schneegestöber. Wie lange wollte dieser rostige Ritter denn noch durchhalten?

„Ro-de-rich! Ro-de-rich! Ro-de-rich!" Mit Sprechchören spornten die Fans auf den Tribünen ihren Favoriten an. Die aufgeregten Edeldamen zerknüllten ihre Spitzentaschentücher in den Händen und beteten für Ritter Roderichs Turniersieg.

Wieder stellten die beiden Gegner sich auf und brachten ihre Lanzen in Position. „Tätäää!"

Ein letztes Mal tröteten die Fanfaren. Die beiden Ritter galoppierten los.

„Hüah!"

Schneller und immer schneller rasten sie aufeinander zu, die Lanzen zum Stoß erhoben. Diesmal zielte Ritter Roderich ganz genau, kam seinem Gegner immer näher und stieß zu, traf aber nur den rostigen Schulterschutz des Lumpenritters, der scheppernd zu Boden fiel. Der Lumpenritter aber hatte gleichzeitig mit seiner Lanze mitten auf die Brust seines Gegners gezielt. Sein fürchterlicher Stoß traf Roderich in allerletzter Sekunde.

„Oh, nein!" Verdutzt schaute Ritter Roderich in die Menge, taumelte, verlor den Halt, rutschte aus dem Sattel und fiel krachend zu Boden.

Totenstille herrschte auf dem Roßmarkt. Die Zuschauer blickten enttäuscht zu Boden. Was für eine Schande für die pfalzgräfliche Ritterschaft! Der ruhmreiche Ritter Roderich, einer der ihren, hatte gegen einen gammligen Lumpenritter verloren.

Der lumpige Sieger hingegen ritt gemütlich zur Loge, verbeugte sich vor dem Pfalzgrafen und nahm von der Pfalzgräfin das Ehrenkränzlein entgegen, das sie zögernd um seine krumme Lanze band. Dann drehte er sich zum Publikum, blickte gelassen in die Runde, neigte plötzlich den Kopf und zog sich mit einem Ruck den verbeulten Helm vom Kopf.

Darunter erschien mit einem schelmischem Grinsen ein wohlbekanntes Gesicht. Was für eine Überraschung! Es war niemand Geringeres als der edle und für seine Narreteien bekannte Frankfurter Ritter Peter Marburg zum Paradies.

Lautes Gelächter und Applaus erschallte von den Tribünen. Die Zuschauer konnten es nicht fassen. Sie lachten und lachten, bis ihnen die Tränen kamen. „Ritter Peter und seine Streiche!", riefen sie kopfschüttelnd. „Der Halunke hat uns mal wieder zum Narren gehalten und wir sind prompt auf seine Lumpenverkleidung hereingefallen", kicherte die ehrwürdige Gesellschaft und schlug sich vor Vergnügen auf die Schenkel. Dann strömten sie auf den Turnierplatz, schlugen dem verdienten Sieger anerkennend auf die Schulter und feierten seinen Sieg bis zum Morgengrauen.

So ging dieses unvergessliche Ritterturnier in die Frankfurter Geschichte ein. Und mit ihm der Name von Ritter Peter, der mit seiner originellen Verkleidung die hohen Herrschaften ordentlich an der Nase herumgeführt hatte. Von da an wurde er in Frankfurt nur noch „Lump zum Paradies“ genannt.

Jahrhundertelang wurden auf dem Roßmarkt vor der Staufenmauer Pferde verkauft. An besonderen Festtagen fanden dort auch Ritterturniere statt.

Heute lädt der große Platz in der Frankfurter Innenstadt zum Ausruhen und Verweilen ein. Setzt euch dort einmal hin und stellt ihn euch als Turnierplatz vor. Dort steht auch die berühmte Katharinenkirche und das Johannes-Gutenberg-Denkmal.

Peter Marburg, unser „Lump zum Paradies“, war der Sohn einer bekannten Frankfurter Adelsfamilie und sogar zweimal Frankfurter Bürgermeister.

Der Schatz unter der Linde

In Hasselbach im Hochtaunus lebte vor vielen hundert Jahren ein bettelarmes Bauernehepaar mit seiner großen Kinderschar. Ihr windschiefes Häuschen war alt und brauchte dringend einen Anstrich. Durch das kaputte Dach tropfte der Regen und der Wind pfiff durch die Risse in den Wänden. Im Winter war es in dem Häuschen so bitterkalt, dass die ganze Familie sich in Decken einmummelte und eng aneinanderkuschelte, weil sie kaum Brennholz zum Heizen hatten.

Sie hatten ein kleines Stück Land, auf dem sie in harter Arbeit Rüben pflanzten. Die Ernte war gerade genug, dass sie sich jeden Tag eine warme Suppe kochen konnten.

Doch trotz ihrer Armut waren sie eine glückliche Familie. Johann, der Bauer, und Grete, die Bäuerin, liebten ihre sieben Kinder sehr. Ihr größter Traum war es, einmal genug Geld zu haben, um das Häuschen reparieren zu können und ein paar neue Zimmer anzubauen, damit alle genug Platz hatten.

Vor ihrem kleinen Häuschen stand ein großer Lindenbaum. Darunter war ihr Lieblingsplatz.

An den Sommernachmittagen saß die Familie, so oft es ging, auf der Bank unter der Linde. Sie redeten, spielten Karten und malten sich aus, wie sie ihre windschiefe Hütte in eine wunderschöne, schmucke Villa verwandeln würden. Doch leider reichte das Geld nie aus, um ihren Traum wahr werden zu lassen.

Eines Nachts, nach einem arbeitsreichen Tag auf dem Rübenfeld, träumte Johann einen merkwürdigen Traum. Eine geheimnisvolle Stimme sprach zu ihm:

„In Frankfurt auf der Brück',
da findest du dein Glück.
Lauf schnell hin, sonst ist es fort
und längst an einem anderen Ort."

In der nächsten Nacht kam der Traum zurück. Wieder hörte er die mysteriöse Nachricht vom Glück, das er fände in Frankfurt auf der Brück'. Und nachdem er in der dritten Nacht erneut die Stimme gehört hatte, erzählte er am Morgen beim Frühstück seinen Lieben davon. Seine Frau Grete lachte ihn aus und schüttelte den Kopf über den Unsinn, den ihr Mann sich zusammengeträumt hatte.

„Mutter!", sprach da das Karlchen, ihr jüngster Sohn mit den roten Haaren und den vielen Sommersprossen im Gesicht. „Was, wenn die Stimme aus Vaters Traum recht hat? Was, wenn das Glück tatsächlich auf uns wartet, dort auf der Frankfurter Brück'? Los, gehen wir hin und schauen wir nach! Sonst finden wir es nie heraus. Und ich komme mit!", sagte er entschlossen und stand auf.

So packten Vater und Sohn ihre Rucksäcke, setzten ihre Hüte auf, nahmen ihre Wanderstöcke und machten sich auf in die große Stadt.

Lang war der Weg. Über Hügel und Täler, über Stock und Stein wanderten sie stundenlang in der sengenden Sonne durch den Taunus, bis sie spät am Nachmittag endlich das lärmende Frankfurt erreichten. Sie staunten über den Betrieb, der hier herrschte. Und welch unbeschreiblicher Krach! Ochsenkarren und Kutschen fuhren durch die Stadt, Reiter waren auf Pferden unterwegs. Es gab einen großen Marktplatz mit schreienden Händlern und feilschenden Marktweibern. Viele Gaukler und Bettler kamen ihnen entgegen. Unzählige Kirchtürme und wunderschöne Kaufmannshäuser säumten die Straßen. Karlchen und seinem Vater blieben die Münder offenstehen.

Schließlich kamen sie ans Mainufer und schauten auf das glitzernde Wasser, über dem sich majestätisch die alte Mainbrücke spannte, die Frankfurt mit Sachsenhausen verband. Mit klopfendem Herzen betraten sie die Brücke. Suchend schauten sie von links nach rechts und schlugen mit ihren Wanderstöcken gegen das Brückengeländer auf der Suche nach einem Hohlraum oder Versteck. Doch so sehr sie auch suchten, sie fanden nichts.

Auf der Sachsenhäuser Seite angekommen, drehten sie wieder um und gingen zurück. Angestrengt suchten sie weiter. „Glück, wo bist du? Wo hast du dich versteckt?“, rief Karlchen wieder und wieder.

Das hörte der alte Brückenwächter hoch droben in seinem Brückenturm und schaute hinab. Ihm gefiel der schreiende Rotschopf, der offensichtlich auf der Suche nach dem Glück war, und so stieg er die Treppe hinunter und trat auf die Brücke.

„Höre ich da richtig, junger Herr? Du suchst das Glück?“, fragte er den sommersprossigen Fratz.

„Ja, mein Vater hat es geträumt, gleich dreimal hintereinander!“

Eifrig zeigte Karlchen auf Johann: „In Frankfurt auf der Brück, da findest du dein Glück. Lauf hin, sonst ist es fort, und längst an einem anderen Ort“, sagte er das Sprüchlein auf. „Ach, Herr Brückenwächter, wisst Ihr vielleicht, wo das Glück sich versteckt hält?“, fragte er den alten Mann.

„Nun, ich weiß nicht genau wie es aussieht, das Glück“, antwortete der Brückenwächter und lächelte die beiden freundlich an. „Aber, stellt euch vor, letzte Nacht hatte ich einen ganz ähnlichen Traum. Auch zu mir sprach eine Stimme und sie sagte: „In Hasselbach unter der Linden, gibt es einen Schatz zu finden“.“

„Das ist es!“, rief Karlchen und sprang auf. „Herr Brückenwächter, Ihr seid unser Glück auf der Brück'. Euer Traum zeigt uns den Weg!“

Aufgeregt packte er die Hand des Alten und zog ihn mit sich. „Kommt mit uns nach Hasselbach. Wenn die Stimme die Wahrheit spricht, heben wir den Schatz gemeinsam und teilen ihn mit Euch.“

„Ach, mein Kleiner“, sprach der alte Brückenwächter kopfschüttelnd. „Geht ihr nur und hebt den Schatz. Ihr könnt ihn sicher gut gebrauchen.“

Entschlossen blickte er den Jungen an. „Mein Glück ist schon hier bei mir auf der Brück'. Ich liebe meine Arbeit und den wunderschönen Blick auf meine prachtvolle Heimatstadt“, sprach er. „Schau mich an. Ich bin ein alter Mann. Mehr brauche ich nicht im Leben. Das Einzige, was mir fehlt, ist dann und wann ein bisschen Gesellschaft. Ich bin manchmal recht einsam und freue mich immer über Besuch. Nun aber los, ihr zwei! Das Glück wartet zu Hause auf euch.“

Eilig verabschiedeten sie sich von dem freundlichen Alten und liefen, so schnell sie konnten, nach Hasselbach zurück. Spät in der Nacht kamen sie an ihrem Häuschen an. Aufgeregt weckten sie die Familie.

„Da seid ihr ja schon wieder“, freuten sich Grete und die Geschwister. „Habt ihr das Glück denn gefunden?“, fragten sie neugierig.

„Ja!“, rief Karlchen. „Es ist hier bei uns. Los, kommt mit!“

Schnell rannte er zum Schuppen, holte alle Schaufeln, die sie besaßen und drückte sie seinen gähnenden Geschwistern in die Hand, die, einer nach dem anderen, aus dem Haus tappten: „Ihr müsst alle mithelfen, wir müssen unter unserem Lindenbaum graben.“

Mit vereinten Kräften zogen sie die alte Holzbank unter dem Baum weg und begannen zwischen den dicken Wurzeln zu graben. Sie gruben und schwitzten, schwitzten und gruben bis der Morgen graute, und plötzlich „tock, tock, tock“, stieß Johann mit seiner Schaufel auf Holz.

„Da ist etwas, eine Kiste“, rief er ungläubig und schaufelte das Erdreich rund um den verwitterten Holzkasten weg. Vater und Sohn packten jeder einen der eisernen Henkel.

„Hau ruck!“

Keuchend zogen sie die schwere Kiste aus dem Loch. Sie öffneten den knarrenden Deckel und, siehe da, sie war randvoll gefüllt mit Goldmünzen, die im Licht der aufgehenden Sonne glänzten und ihre staunenden Gesichter in einen goldenen Schimmer tauchten.

„Juchuuu, wir sind reich!“, riefen die Kinder. Überglücklich ließen sie die klimpernden Goldmünzen durch ihre Finger rinnen. „Vater, die Stimme in deinem Traum hat die Wahrheit gesprochen.“

„Eigentlich waren es zwei Stimmen", sagte Johann und erzählte der Familie von ihrer Begegnung mit dem alten Brückenwächter. „Welch großes Glück verdanken wir dem Wächter in Frankfurt auf der Brück'!", rief Grete. Dann fassten sie einander bei den Händen und die ganze Familie tanzte gemeinsam einen Freudentanz immer um die Linde herum, bis alle zusammen lachend ins Gras fielen.

So wurde die arme Bauernfamilie reich. Sie reparierten ihr Häuschen, bauten viele Zimmer an und bald sah es aus wie eine schmucke Villa. Ein Stall wurde gebaut und viele Tiere gekauft. Von da an gackerte, wieherte, muhte, mähte und i-ahte es fröhlich auf ihrem stattlichen Hof, wo sie nun ein glückliches und zufriedenes Leben führten. Einmal im Monat jedoch machte die ganze Familie einen Ausflug nach Frankfurt und besuchte den alten Brückenwächter. Und das war für ihn die größte Freude auf Erden.

Nicht nur heute gibt es in Frankfurt hohe Türme. Früher gehörten neben dem Frankfurter Dom und seinen Vorgängerbauten die beiden Brückentürme der Alten Brücke zu den höchsten und bekanntesten Bauten Frankfurts.

Es gab einen Turm auf der Frankfurter und einen auf der Sachsenhäuser Seite. Sie wurden vor über 700 Jahren erbaut und sahen unterschiedlich aus. Von dort oben kontrollierte der Brückenwächter, wer über die Brücke ging, ob etwas zu reparieren war oder ob sich Feinde von der anderen Mainseite näherten.

Im Frankfurter Turm war früher auch das Verlies der Stadt, wo man die Gefangenen einkerkerte.

Die Nixe mit der Zauberflöte

Tief im Frankfurter Wald, wo der Königsbach leise plätschert, stand einst ein Försterhaus. Darin wohnten der Förster, die Förstersfrau und Ferdinand der Försterssohn.

Seit er ein kleiner Junge war, war Ferdinand durch das dichte Unterholz und über die sonnigen Lichtungen des Waldes gestromert, kannte jeden Weg und Steg und wusste wo Fuchs und Has' sich gute Nacht sagen. Nun war er zu einem ansehnlichen jungen Mann herangewachsen und bald soweit, selber den Försterberuf zu ergreifen und an seines Vaters Stelle zu treten.

Am liebsten wanderte Ferdinand bei Vollmond durch den Wald, wenn alles in magisches Mondlicht getaucht war und der Wald so gespenstisch schön aussah. In einer dieser Vollmondnächte hörte er plötzlich liebliches Flötenspiel durch den Wald klingen.

Verzaubert blieb er stehen und lauschte. Er folgte dem Klang und kam an die Lichtung mit dem alten Brunnen, von dem die Leute sich erzählten, dass eine böse Fee darin lebte. Mörderbrünnchen wurde er genannt und kein Frankfurter traute sich in seine Nähe. Ängstlich blieb Ferdinand stehen.

„Soll ich es wagen?“ Vorsichtig trat er auf die Lichtung.

„Was um Himmels Willen ist das?“

Ferdinand rieb sich die Augen und staunte. Auf dem Rand des alten Brunnens saß das schönste Wesen, das er jemals gesehen hatte, und spielte auf einer silbernen Flöte. Ihr Spiel war so unvergleichlich schön, dass die

Tiere des Waldes sich um sie geschart hatten, um dem himmlischen Klang zu lauschen. Schnell verbarg Ferdinand sich hinter einem dicken Baumstamm und spähte zaghaft zum Brunnen.

Das Wesen hatte wallendes blondes Haar, Augen so grün wie der Königsbach, ein Gesicht wie ein Engel und... Ferdinand musste zweimal hinsehen. Unglaublich, aber wahr! Das Wesen hatte einen Fischschwanz.

War das etwa die sagenumwobene böse Fee?

„Ein so überirdisch schönes Wesen kann unmöglich böse sein", dachte er. „Außerdem ist sie ganz eindeutig eine Nixe!", sagte er sich und trat zögernd an den Brunnen.

„Wer bist du?", fragte sie freundlich und schenkte ihm ein bezauberndes Lächeln.

„F-Ferdinand", stammelte er. „F-Förstersohn." Mehr brachte er vor lauter Verzückung nicht über die Lippen.

„Liliana, Meerjungfrau", stellte die Nixe sich vor. „Aber psst!" Verschwörerisch legte sie den Zeigefinger auf die Lippen. „Ich bin heimlich hier, immer nur bei Vollmond. Verrate es bloß nicht meinem Vater, dem Wassermann vom Main. Er darf niemals erfahren, dass ich als Wasserwesen so gerne im Wald bin, sonst bin ich erledigt", gluckste sie. „Aber jetzt muss ich los. Bin schon viel zu spät dran. Ahoi, Ferdinand!"

Und mit einem lauten Plitschplatsch verschwand die schöne Nixe im Brunnen.

Ferdinand kam es vor wie ein Traum. Von nun an ging Liliana ihm nicht mehr aus dem Kopf. Wo er ging und stand musste er an sie denken. Ständig hatte er ihr betörendes Flötenspiel im Ohr. Er hatte sich bis über beide Ohren in die schöne Meerjungfrau verliebt und musste sie unbedingt wiedersehen.

Ungeduldig wartete er bis zur nächsten Vollmondnacht. Wieder tönte der süße Klang ihrer Flöte durch den Wald und zog ihn erneut zu dem alten Brunnen.

So kam es, dass Ferdinand jeden Monat, wenn der Vollmond schien, die schöne Brunnennixe besuchen ging. Und es dauerte gar nicht lange, da verliebte Liliana sich auch in den Förstersohn, gab ihm den ersten Nixenkuss und aus den beiden wurde ein Liebespaar. Nun wollten sie nichts lieber tun als heiraten, Kinder bekommen und für immer und ewig im Frankfurter Wald leben.

Doch leider stand Lilianas Fischschwanz ihrem Glück im Wege. Eine Nixe gehört eben ins Wasser und nicht in den Wald.

„Liebster", sprach sie eines Nachts im Mondschein. „Es gibt eine einzige Lösung. Wenn unsere Liebe sich wirklich bewährt und mein Vater seine Zustimmung gibt, kann er meinen Fischschwanz in zwei Beine verwandeln. Dann kann ich dem unseligen Brunnen entsteigen und endlich deine Frau werden. Nichts wünsche ich mir sehnlicher auf Erden. Willst du so lange auf mich warten?"

Überglücklich nahm Ferdinand seine Liebste in die Arme und versprach es ihr hoch und heilig. „Niemanden auf der Welt liebe ich so sehr wie dich, Liliana." So turtelten die beiden am Mörderbrünnchen, das zu ihrem Liebesbrünnchen geworden war.

Was die Liebenden jedoch nicht ahnten war, dass Siegfried, der Sohn eines Sachsenhäuser Jägers, die beiden Turteltäubchen schon seit geraumer Zeit bei ihren Treffen beobachtete. Eifersüchtig war er, der Siegfried, und selber unsterblich in Liliana verliebt.

„Ausgerechnet Ferdinand", grollte er. „Mir allein soll sie gehören!" Und so schmiedete er einen mörderischen Plan: „Eine Grube werde ich graben und sie mit Reisig und Blättern tarnen, damit er hineinfällt auf seinem Weg zum

Brunnen. Eine Falle, so tief, dass er nie mehr herauskommt. Und dann gehört die schöne Nixe endlich mir." Er besorgte sich eine Schaufel und fing an zu graben.

Als Ferdinand beim nächsten Vollmond zu seiner Liebsten unterwegs war und voller Vorfreude einen Fuß vor den anderen setzte, gab plötzlich der Boden unter ihm nach, und er stürzte in ein tiefes Loch.

„Autsch!", schrie er als Äste und Gestrüpp auf seinem Kopf landeten. „Wie soll ich hier nur wieder herauskommen?" Immer wieder versuchte er, an den glatten Wänden der Grube emporzuklettern. Doch vergeblich. Immer wieder rutschte er ab und landete auf dem Boden der Fallgrube.

„Hilfe!", schrie er verzweifelt. „Hört mich denn keiner?" Aber wer sollte ihn schon hören? Tief im Wald und mitten in der Nacht.

Siegfried, der den Sturz beobachtet hatte, rieb sich zufrieden die Hände. „Jetzt hol' ich mir die schöne Nixe!", dachte er hinterlistig und machte sich auf den Weg zum Brunnen.

Als Liliana den Fremden kommen sah, unterbrach sie ihr Flötenspiel und hüpfte verschreckt in den Brunnen zurück. Misstrauisch linste sie über den Brunnenrand: „Wer bist du?", fragte sie argwöhnisch. „Wo ist Ferdinand?"

„Ich bin Siegfried, ein Freund von Ferdinand", log er. „Ich soll dir sagen, dass er nicht mehr kommt. Er hat jetzt eine Menschenfrau gefunden und gibt dich frei."

Liliana wurde das Herz unendlich schwer. Tränen stiegen ihr in die Augen.

„Vergiss den dummen Försterssohn. Nimm mich zu deinem Mann!", sprach Siegfried siegessicher und umfasste mit festem Griff ihre Hand, um sie aus dem Brunnen herauszuziehen.

Wütend funkelte Liliana ihn an und versuchte, ihm ihr Nixenhändchen zu entreißen. „Was fällt dir ein, du Lügner!", rief sie entrüstet. „Ich glaube dir kein Wort. Niemals werde ich einen anderen lieben als Ferdinand. Und jetzt lass mich los, sonst bekommst du den Dreizack meines Vaters zu spüren!"

Mit diesen Worten zog sie ihre Zauberflöte hervor, steckte sie zwischen die Lippen und blies ihren allerhöchsten Ton. Ohrenbetäubend schrillte der Pfiff durch den Wald.

Plötzlich waberte dichter Nebel über dem Brunnenwasser und hinter der Nixe tauchte Stück für Stück das graue Haupt des Wassermanns auf. Er schaute ungehalten drein und kleine Fische zappelten in seinem Bart.

„Beim Klabauter, liebes Töchterlein", donnerte er. „Warum rufst du mich zu so später Stunde ausgerechnet in den Wald?"

Da erblickte er Siegfried, der mit aller Kraft versuchte, Liliana aus dem Brunnen zu ziehen. Blitzschnell zückte er seinen Dreizack und stach Siegfried damit in die Hand. Schmerz durchzuckte Siegfrieds Körper. Er schrie laut auf, zog seine Hand zurück und gab die Nixe frei.

„Fort mit dir, du Unhold!", tönte die wütende Stimme des Wassermanns. „Und trau dich nie wieder in die Nähe meiner Tochter!" Da lief der böse Siegfried um sein Leben immer tiefer in den Wald hinein.

„Bei allen Seeungeheuern, Liliana!", schimpfte der Wassermann. „Wir Wasserwesen haben hier im Wald nichts zu suchen. Du kommst auf der Stelle mit zurück in den Main!"

„Entschuldige Vater!" Betreten schaute Liliana in das dunkle Brunnenwasser. „Aber ich kann nicht zurück in den Main. Ich habe mein Herz an Ferdinand den Förstersohn verschenkt und werde keine Ruhe geben, bis ich ihn wiedergefunden habe." Lilianas Vater blieb vor Staunen der Mund offenstehen. Der Wassermann war sprachlos.

Da plötzlich hörten sie von fern eine Stimme rufen: „Hilfe, holt mich hier raus!"

„Das ist er!", rief Liliana aufgeregt. „Bitte Vater, erlöse mich und lass mich zu ihm."

Eilig schwang sie sich auf den Brunnenrand. „Nun gut, meine Tochter, wenn du ihn so sehr liebst, will ich eurem Glück nicht im Wege stehen." Vorsichtig strich er mit seinem funkelnden Dreizack über ihren Fischschwanz und verwandelte ihn in zwei menschliche Beine. „Danke!" Jubelnd fiel Liliana ihrem Vater um den Hals. „Du bist der beste Wassermannvater der Welt!"

So schnell ihre neuen Beine sie trugen, lief sie Ferdinands Hilferuf nach. Bei der Grube angekommen, suchte sie sich einen dicken Ast, schob ihn in das Loch hinein, und Ferdinand kletterte daran nach oben. Dann fielen sie einander in die Arme, um sich nie wieder loszulassen.

Ferdinand traute seinen Augen nicht. Das Wunder war geschehen. Lilianas Fischschwanz war verschwunden. Seine Liebste hatte tatsächlich zwei echte Menschenbeine. „Niemand auf der Welt kann uns jetzt mehr trennen", flüsterte Liliana überglücklich.

Und so wurden die beiden Mann und Frau. Sie zogen ins Försterhaus und bekamen viele Kinder. Ihre große Liebe hatte den Wassermann überzeugt. Er hatte ihnen seinen Segen gegeben und seiner Tochter Beine geschenkt. Zum Dank dafür besuchten sie ihn jeden Tag am Mainufer.

Dem bösen Siegfried aber hatte der Wassermann einen solchen Schreck eingejagt, dass man ihn in Frankfurt nie mehr wiedersah.

Bei dem sagenumwobenen Mörderbrünnchen, das in unserer Geschichte ein Liebesbrünnchen ist, handelt es sich um eine ehemalige Trinkwasserquelle, die Mörderquelle oder auch Marderquelle genannt wurde. Mit ihrem niedrigen Brunnenrand liegt sie unweit der Darmstädter Landstraße im Frankfurter Stadtwald. Der Sage nach hört man hier in Vollmondnächten eine trauernde Fee um ihren ermordeten Liebsten jammern, aber das Jaulen ist wohl eher der nächtliche Ruf des Käuzchens.

Kasimir das Karussellpferd

Heiligabend. Schneeflocken fielen sanft vom Himmel und ganz Frankfurt duftete nach Bethmännchen, Brenten und heißem Ebbelwei. Alles war in weihnachtlichen Glanz getaucht und auf dem Weihnachtsmarkt am Römer drehte das historische Weihnachtskarussell mit seinen prächtigen, bunt lackierten Pferden seine Runden.

Eines von ihnen hieß Kasimir. Und Kasimir war mächtig stolz auf seinen Beruf. Schließlich arbeitete er im schönsten Karussell der Stadt. Alljährlich zur Weihnachtszeit begeisterte die bunte Pferdeschar die Frankfurter Kinder. Sie saßen auf ihren Rücken, lachten und jauchzten vor Freude und winkten ihren Eltern zu. Wieder und wieder drehten sie sich zu den wunderschönen Melodien der Weihnachtslieder im Kreis.

„Wie schön", dachte Kasimir selig, „dass ich so viele Kinder glücklich machen darf."

Aber leider durfte er das nicht das ganze Jahr über tun. Wie immer an Heiligabend würde das Karussell bei Einbruch der Dunkelheit seine letzte Runde drehen und dann für ein ganzes Jahr Pause machen – bis zur nächsten Weihnachtszeit. Langsam begann es zu dämmern und schon bald würde der Weihnachtsmarkt schließen.

Mit jeder Fahrt wurde Kasimir trauriger. „Ach", seufzte er, „warum kann nicht immer Weihnachten sein?"

Vom hohen Himmel schwebte ein kleiner Weihnachtsengel herab. Er war auf Strafexpedition zur Erde geschickt worden, weil er im Himmel nichts als Unfug gemacht hatte. Als Wiedergutmachung lautete seine Mission, am

Heiligen Abend auf der Erde jemandem einen Wunsch zu erfüllen. Trotz seiner Strafe war der Engel recht gut gelaunt, flog frohen Mutes im Slalom nach unten, ließ seine Korkenzieherlocken im Wind flattern und trällerte lautstark „Kling Glöckchen, Klingelingeling." Er schlug einen Purzelbaum in der Luft und, weil es so schön war, gleich noch einen. Als er dabei zufällig nach unten schaute, erblickte er einen bunt leuchtenden Kreisel und kam vor Staunen prompt ins Trudeln.

„Wahnsinn!", rief er und flog im Sturzflug darauf zu, um sich das Wunderding aus der Nähe anzuschauen.

„Ups!" Mit einem unsanften Aufprall landete der Engel auf dem Dach des Kreisels. „Weihnachtskeks und Sternengewitter!", kiekste er überrascht und hielt sich gut fest, denn der Kreisel hatte für Engelsgeschwindigkeit ein irres Tempo drauf.

Da saß er nun auf dem Dach des Frankfurter Weihnachtskarussells, drehte sich im Kreis und grinste über beide Pausbacken. Rasch ließ er sich an einer Stange herabgleiten und landete direkt auf dem Sattel von Karussellpferd Kasimir.

„Nur ein einziges Mal will ich auf einem so prächtigen Pferdchen reiten", dachte er. Und da ging die Fahrt auch schon los.

„Juhuuu!", jubelte der Himmelsbote. Das Karussell drehte seine allerletzte Runde mit dem kleinen Weihnachtsengel als einzigen Fahrgast.

„Himmlisch!", sprach der Engel entzückt, als er von Kasimirs Rücken stieg, und tätschelte liebevoll seine hölzernen Nüstern. Da plötzlich kullerte eine dicke Träne aus dem Auge des Pferdes. Es begann zu schnauben, wieherte leise und schüttelte seine Mähne. Dann brach es in Tränen aus.

Der Engel war platt. Er hatte zwar schon so einige Wunder gesehen, aber ein hölzernes Karussellpferd, das lebendig wurde und zu allem Überfluss auch noch weinte, war ihm bisher noch nicht untergekommen. Tröstend kraulte er das verzweifelte Tier an den Ohren.

„Was ist los, Pferdchen? Warum weinst du?“, fragte er.

„Ach, Engel“, schluchzte Kasimir. „Jahr für Jahr drehe ich hier auf dem Römer meine Runden. Und wenn der Markt an Heiligabend schließt, ist alles wieder vorbei. Dann müssen wir Karussellpferde ein ganzes langes Jahr warten, bis wir wieder zum Einsatz kommen. Das ist so traurig und so einsam und so unendlich langweilig“, schniefte er. „Wie gerne würde ich auch andere Orte im schönen Frankfurt kennenlernen als immer nur den Römer zur Weihnachtszeit. Aber ich bin eben nur ein einfaches Karussellpferd und kann hier nicht weg. Dabei ist es mein größter Wunsch, einmal zu sehen wie die Frankfurter Kinder Weihnachten feiern.“

Kasimir begann hemmungslos zu schluchzen und rieb seinen Kopf an der Schulter des Engels.

„Beruhige dich, Pferdchen“, tröstete ihn der Engel. „Wie heißt du?“

„Kasimir“, stieß das Pferdchen hervor und blickte traurig zu Boden.

„Du hast Glück, Kasimir“, sprach der Weihnachtsengel. „Ich kann dir helfen. Ich habe nämlich den Auftrag, heute an Heiligabend einem Erdenbewohner einen Wunsch zu erfüllen, und da kommst du mir gerade recht. Ich schenke dir meinen Weihnachtszauber und erlöse dich.“

Dann hob er die Hand, ließ einen Sternenflitterregen auf Kasimir niedergehen und löste ihn von der Stange.

Mit einem Riesensatz sprang Kasimir vom Weihnachtskarussell herunter und landete auf dem Platz. Unsicher machte er ein paar tapsige Schritte. So fühlte sich also die Freiheit an. Dann drehte er sich um und rief: „Los, Engel, komm mit!“

Der Weihnachtsengel sprang auf seinen Rücken und Kasimir galoppierte los. Vorbei an den Weihnachtsmarktständen mit ihren Quetschemännchen, Spielzeugen, Töpferwaren, Schnitzereien und Leckereien ging es im Wahnsinnsgalopp quer durch die Gassen der Innenstadt bis zum Mainufer. Das Hemdchen des Engels wehte im Winterwind und er musste seinen Heiligenschein gut festhalten, damit er nicht wegflog.

So galoppierten Kasimir und sein himmlischer Reiter am Mainkai entlang bis zur Alten Brücke und über den Fluss, immer weiter bis nach Niederrad zur Galopprennbahn. Dort lief Kasimir ein Wettrennen gegen sich selbst und schaute in den Pferdeställen vorbei, um den Rennpferden Frohe Weihnachten zu wünschen.

„Richtige, echte, lebendige Pferde!", schwärmte Kasimir verzückt.

Auf dem Rückweg trabten die beiden durch das malerische Sachsenhausen, wo sie vom Ufer aus den herrlichen Blick auf das weihnachtliche Frankfurt mit all seinen Kirchtürmen genossen. Dann trappelten sie hoch auf den Eisernen Steg, über den Main und zurück zum Römerberg.

Unterwegs schauten sie durch all die erleuchteten Fenster in die Stuben der Frankfurter Familien, wo die Kinder mit strahlenden Augen unterm Tannenbaum ihre Weihnachtsgeschenke auspackten.

„So geht also Weihnachten", schnaubte Kasimir glückselig. „Endlich weiß ich, was Heiligabend ist."

„Danke, Engel, für meine Weihnachtsüberraschung!", rief Kasimir freudestrahlend, als sie wieder auf dem Römer angekommen waren. „Das muss ich unbedingt den anderen Karussellpferden erzählen."

„Und ich den anderen Weihnachtsengeln", bestätigte der Engel und grinste zufrieden. Seine Mission hatte er bestens erfüllt und obendrein auf der Erde einen Freund gefunden.

„Nächstes Jahr an Heiligabend komme ich wieder“, säuselte der Engel. „Ich freue mich jetzt schon auf unseren nächsten Ausritt.“ Er winkte Kasimir zum Abschied und flatterte fröhlich wieder zum Himmel empor.

Kasimir wieherte einen Abschiedsgruß. Dann nahm er seinen Platz auf dem Karussell wieder ein. Nun würde ihm das Warten auf die nächste Weihnachtszeit leicht fallen. Er würde einfach von der wunderbaren Frankfurter Weihnacht träumen.

Den Frankfurter Weihnachtsmarkt gibt es seit über 600 Jahren. Dort werden typische Frankfurter Weihnachtsspezialitäten verkauft, wie Quetschemännchen (Figuren aus Dörrpflaumen und Nüssen) oder Brenten und Bethmännchen aus Marzipanteig.

Jedes Jahr wird auf dem Römer einer der größten Weihnachtsbäume Deutschlands aufgestellt und das berühmte doppelstöckige Nostalgie-Karussell mit seinen Pferden, Kutschen und Drehkreiseln dreht dort bis heute seine Runden.

Höhepunkte in der Adventszeit sind das traditionelle Turmblasen und das halbstündige große Glockengeläut der zehn Frankfurter Innenstadtkirchen mit ihren 50 Glocken.

Nur die Frankfurter Galopprennbahn gibt es heute nicht mehr. Sie wurde im Jahr 2015 geschlossen.

Ende

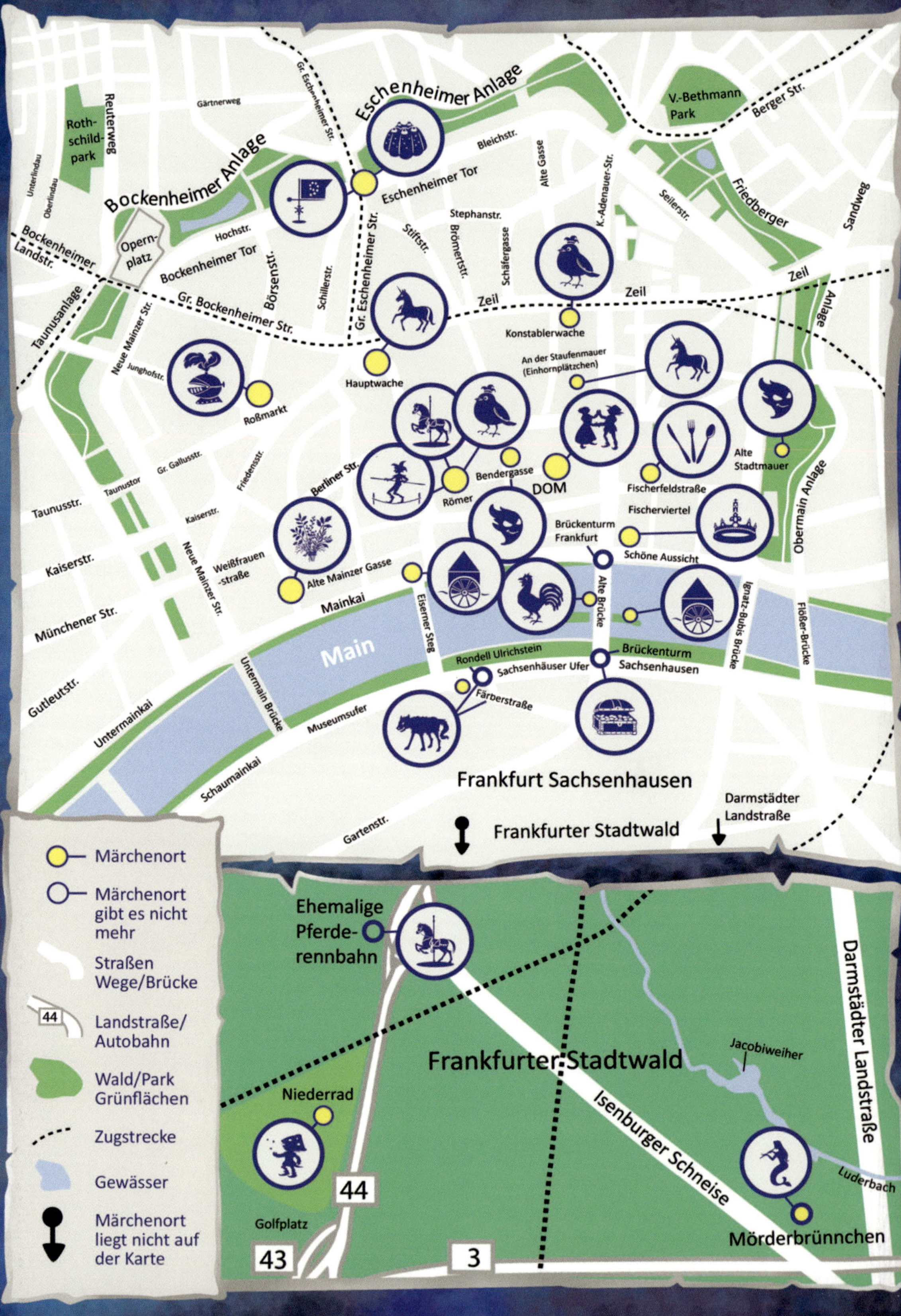

Eschenheimer Anlage
Bockenheimer Anlage
Rothschildpark
Reuterweg
Gärtnerweg
Gr. Eschenheimer Str.
V.-Bethmann Park
Berger Str.
Bleichstr.
Eschenheimer Tor
Alte Gasse
K.-Adenauer-Str.
Seilerstr.
Friedberger
Sandweg
Unterlindau
Oberlindau
Bockenheimer Landstr.
Opernplatz
Hochstr.
Bockenheimer Tor
Börsenstr.
Schillerstr.
Gr. Eschenheimer Str.
Stiftstr.
Stephanstr.
Brönnerstr.
Schäfergasse
Zeil
Anlage
Taunusanlage
Gr. Bockenheimer Str.
Neue Mainzer Str.
Junghofstr.
Roßmarkt
Hauptwache
Konstablerwache
An der Staufenmauer (Einhornplätzchen)
Gr. Gallusstr.
Taunustor
Friedensstr.
Berliner Str.
Bendergasse
Römer
DOM
Fischerfeldstraße
Alte Stadtmauer
Obermain Anlage
Taunusstr.
Kaiserstr.
Fischerviertel
Brückenturm Frankfurt
Schöne Aussicht
Weißfrauenstraße
Alte Mainzer Gasse
Neue Mainzer Str.
Münchener Str.
Mainkai
Eiserner Steg
Alte Brücke
Ignatz-Bubis Brücke
Flößer-Brücke
Main
Gutleutstr.
Untermain Brücke
Rondell Ulrichstein
Sachsenhäuser Ufer
Brückenturm Sachsenhausen
Färberstraße
Museumsufer
Untermainkai
Schaumainkai
Frankfurt Sachsenhausen
Darmstädter Landstraße
Gartenstr.
Frankfurter Stadtwald
Märchenort
Märchenort gibt es nicht mehr
Straßen Wege/Brücke
44
Landstraße/ Autobahn
Wald/Park Grünflächen
Zugstrecke
Gewässer
Märchenort liegt nicht auf der Karte
Ehemalige Pferderennbahn
Darmstädter Landstraße
Jacobiweiher
Frankfurter Stadtwald
Niederrad
Isenburger Schneise
Luderbach
44
Golfplatz
Mörderbrünnchen
43
3